Diogenes Taschenbuch 24740

W0040304

Da bist du ja

Geschichten für stolze Eltern

Mit einer Exklusivgeschichte
von Anne Reinecke

Ausgewählt von Kati Hertzsch
und Vanessa Ryser

Diogenes

Nachweis am Schluss des Bandes
Covermotiv: Illustration von Studio Meez
Copyright © Studio Meez

Originalausgabe
Alle Rechte an dieser Ausgabe vorbehalten
Copyright © 2024
Diogenes Verlag AG Zürich
www.diogenes.ch
100/24/36/1
ISBN 978 3 257 24740 4

Ich hatte nie andere Fragen als die nach dem Moment, in dem ich sterben könnte. Ich hätte mir diesen Moment vor der Ankunft meiner Kinder aussuchen sollen, denn seither habe ich nicht mehr die Wahl zu sterben. Der säuerliche Geruch ihrer von der Sonne erhitzten Haare, der Schweißgeruch ihrer Rücken nachts, wenn sie aus einem Albtraum erwachen, der Staubgeruch ihrer Hände, wenn sie aus der Schule kommen, zwang und zwingt mich noch zu leben, entzückt zu sein vom Schatten ihrer Wimpern, gerührt von einer Schneeflocke, erschüttert von einer Träne auf ihren Wangen. Meine Kinder haben mir die exklusive Macht verliehen, auf eine Wunde zu pusten, damit der Schmerz aufhört, nie ausgesprochene Worte zu verstehen, eine absolute Wahrheit zu besitzen, eine Fee zu sein.

Kim Thúy

Inhalt

JOHANNES EHRMANN
Anfang

Es ist spät, tiefe Nacht, die zweite nach eurer Geburt, und wir sind zusammen in dem kleinen Raum rechts vom Gang. Tagsüber vermessen sie hier die Babys, wiegen die neuen Leben in der kleinen Schale drüben auf der Arbeitszeile, nehmen ihre Temperatur und betupfen den Nabel. Nachts aber kommt niemand hierher.

Ich sitze am Fenster, schräg auf meinem Sessel, die Beine über der Lehne, die Wärme der Heizung im Rücken. Ab und zu höre ich eine Stimme hinter mir im Hof oder zwei, wenn wieder jemand raucht, um sich die Zeit zu vertreiben oder die Angst. Sie tragen Schals da draußen, Schals oder Mützen, aber hier drinnen ist es warm, warm und dunkel, fast ganz dunkel, nur zwei gedimmte Lämpchen leuchten schwach hinten über der Wickelauflage. Ich sitze mit dem Rücken zum Fenster, euer hölzernes Gitterbettchen vor Augen mit den Rollen unter den vier Füßen und der gepolsterten Umrandung, die euch von allen Seiten schützt vor Zugluft und vor Blicken.

Ich sollte schlafen wollen und kann euch atmen hören.

Ja, wenn ich ganz still bin und mich nicht bewege, dann kann ich es hören. Zwei leise, schnelle Atem, die sich alle paar Sekunden durchkreuzen, und ab und zu ein leises Seufzen von einer von euch beiden.

Ich kann euch beim Leben zuhören, denke ich. Frida und Ella, meine Töchter. Ein seltsamer Satz, ich kann immer noch kaum ahnen, was er bedeutet.

Ich nehme die Beine von der Lehne und setze mich auf. Ich trinke den letzten Rest Tee und warte auf die Müdigkeit, aber sie will noch nicht kommen. Ich weiß nicht, wie viel Uhr es ist, zwei, halb drei vielleicht? Ich warte auf ein Geräusch, eine Bewegung, irgendetwas, das diesen Moment durchbrechen wird, diese tiefe Ruhe der Nacht. Aber alles bleibt still.

Sehen kann ich euch nicht von hier aus, ich sitze zu tief, aber ihr seid da, das weiß ich. Ich könnte jederzeit aufstehen und nachsehen, und ihr würdet noch da liegen wie beim letzten Mal, still auf dem Rücken, die Köpfchen zur Seite, ganz erschöpft vom Trinken und vom Hiersein.

Ich nehme das Handy aus der Hosentasche und sehe nach der Uhrzeit. Zwanzig nach zwei. Ich versuche auszurechnen, wie lange eure Mutter schon schläft, aber ich habe vergessen, wann ich mit euch aus dem Zimmer bin, war es elf oder zwölf? Ich glaube, eher zwölf. Sie braucht Erholung, eure Mutter, etwas Schlaf, endlich ein paar Minuten Ruhe, in denen sie nicht ständig nach euch schauen muss, nicht von jedem eurer kleinen Geräusche hochfährt, aus Sorge und vor Schreck, so wie wir es beide tun, wenn wir im Halbschlaf neben euch liegen drüben in unserem Familienzimmer, ein paar Schritte den Gang hinunter.

Alles ist so neu, alles unsicher, alle paar Minuten scheint sich irgendetwas ganz grundlegend zu verändern, ein Schnaufen, ein Fiepen in eurer Lunge, das wir nie gehört haben, und nie wissen wir, ist es normal, schlimm oder vielleicht kritisch? Alles normal, sagt dann die Schwester und lächelt ihr abgeklärtes Schwesternlächeln, bevor sie die Tür wieder hinter sich zumacht und weiter eilt zu den nächsten Eltern, die nicht schlafen können.

Alles gut, keine Sorge, sie sagt es wieder und wieder, die Schwester, im Ton der tausendfachen Routine, aber was sie jeden Tag sieht, das wirkt alles so zerbrechlich für uns, für eure Mutter vielleicht noch ein bisschen mehr als für mich. In der ersten Nacht hat sie kein Auge zugetan, ich bin mir sicher, auch wenn sie es abstreitet.

Drei Stunden, denke ich. Drei Stunden Ruhe wären gut für sie, vielleicht schaffen wir vier. Ich kann euch Fläschchen geben, wenn ihr aufwacht, dann haben wir wieder eine Stunde gewonnen oder zwei. Seit wann sitzen wir hier? Seit wann schlaft ihr wieder? Ich weiß es nicht. Bald schon werdet ihr wieder wach sein, blinzelnd, durstig. Ihr nehmt die Welt noch in solch kleinen Portionen auf, 20 Milliliter, manchmal auch nur zehn, anderthalb Stunden Schlaf am Stück, wenn es gut läuft. Ihr seid kaum angekommen, zwei

Fliegengewichte, die erst mal darum kämpfen müssen, wieder auf zweieinhalb Kilo zu kommen. Der Blutzucker ist zu niedrig, sagt uns die Schwester, eure Temperatur eigentlich auch, ihr trinkt noch nicht genug. Alle paar Stunden wird wieder nachgemessen, irgendetwas irgendwo eingetragen, immer noch nicht hoch genug.

Das wird schon, sagt man uns, es geht alles so schnell, warten Sie nur ab. Aber wir können noch nicht an morgen denken oder an in vier Wochen, eure Mutter und ich, wir leben nur im Hier und Jetzt. Es geht um die reine Existenz, ein paar Minuten Schlaf, ein paar Bissen Essen vom Plastiktablett, dann schon die nächste Untersuchung und noch mal eine. Alles in Ordnung? Ja, alles in Ordnung. Nur der Zucker, die Temperatur. Also decken wir euch wieder gut zu, wickeln zwei Handtücher um jeden Schlafsack, stellen das Wärmebettchen auf 37 Grad, die Tür bleibt zu, die Fenster kurz gekippt für etwas Frischluft, bloß keinen Durchzug jetzt bei null Grad draußen oder weniger. Wir Großen sind eh schon beide krank, die Nase läuft, der Hals ist geschwollen, das viel zu warme Zimmer, die Anstrengung, die Emotion, wer weiß.

Und doch spüre ich jetzt nichts, gar nichts von all dem, ich weiß nicht, warum. Als wären wir beschützt hier drinnen in unserem winzigen Versteck.

Draußen auf dem Gang ist irgendwo das Rufsignal losgegangen, und ich höre die Schritte der Nachtschwester auf dem Linoleum quietschen. Nicht mehr lange, dann wird sie hereinkommen zu uns, sie, die Einzige, die von unserer Anwesenheit weiß. Dann wird sie euch auspacken und schon wieder in die Füßchen stechen, den dunkelroten Tropfen auf die Messfläche fallen lassen. Und wir werden wieder alle zusammen aufs Display starren, der Wert, wie hoch ist er, der verdammte Grenzwert, 45 braucht ihr, 39 waren es beim letzten Mal, trinken, viel mehr trinken müsst ihr! Ihr könnt noch nicht. Wisst noch nicht, wie.

Ich stelle die Teetasse neben den Sessel auf den Boden, stehe auf, strecke mich, drehe mich um und mache vorsichtig das Fenster auf. Die eiskalte Luft auf meinem Gesicht erinnert mich daran, dass es da draußen auch noch eine Welt gibt, die echte. Der Hof ist still und menschenleer. Drüben in der Notaufnahme sind die Vorhänge zugezogen. Es sind die kleinen Stunden, in denen man zu hören glaubt, wie die Erde sich dreht.

Leise mache ich das Fenster wieder zu und setze ein, zwei Schritte in den Raum, hinüber zu euch. Ich kann eure Köpfchen sehen mit den winzigen bunten Wollmützen, wie zwei Andenkinder seht ihr aus. Ich sehe die Träger eurer gestreiften Schlafsäcke, die euch noch viel zu groß sind, weiche Hüllen mit dem Schriftzug des Krankenhauses auf der Brust. Ihr gehört noch nicht ganz uns.

Noch ein paar Tage müssen wir hierbleiben, drei oder vier, erst am Sonntag werden sie uns gehen lassen, wenn alles okay ist, oder am Montagmorgen. Es scheint noch so weit weg. Dabei steht das Auto nur ein paar Meter die Straße hinunter, von unserem Zimmer aus kann ich es sehen durch die kahlen Äste der Bäume, die auf dem leeren Spielplatz stehen. Der alte, eckige Kombi mit dem kaputten Kat, der noch auf meinen Vater zugelassen ist, er wartet auf uns, auf der Rückbank die beiden Sitzschalen, ganz leer und kalt und unbenutzt. Nur noch ein paar Tage, dann werde ich ihn anlassen, ihr auf der Rückbank hinter uns, dick verpackt und festgeschnallt. Ich male mir den Weg nach Hause aus, links auf die Hauptstraße, drei große Kreuzungen weiter rechts runter auf die Stadtautobahn. Und dann?

Ja, wohin dann?

In die Wohnung erst mal, klar, in unsere zwei Zimmer, die uns sofort zu klein sein werden, wir haben uns über Nacht verdoppelt, und alle vier müssen wir uns nun einen neuen Platz suchen. Wo wird er sein? In welchem Winkel der Stadt, an welcher Ecke, welchem S-Bahnhof?

Ich höre ein Geräusch von einer von euch beiden, wie ein sanftes Knurren, das langsam lauter wird und dann plötzlich verstummt. Ich beuge mich über euer Bettchen und sehe nach, ob etwas ist, ob ihr aufgewacht seid. Aber ihr liegt immer noch unverändert da, mit geschlossenen Augen, die Köpfe zueinandergedreht, die Fäuste nach oben gereckt, wie zwei erschöpfte Revolutionäre.

Hier sind wir also, hier, wo alles anfängt und aufhört, am Hauptbahnhof unserer Art, wo wir ankommen und abfahren oder vielleicht noch mal umsteigen. Hier seid ihr nun, bei uns, und es wird jetzt alles auf euch zukommen. Nicht mehr gefiltert und leise wie in den letzten Monaten, als noch jede von euch für sich war und ihr beide dicht beisammen im Bauch eurer Mutter und alles seinen Lauf ging. Jetzt nicht mehr. Jetzt verlasst ihr euch auf uns, in eurer zweiten Nacht hier draußen, zwei Zwerge, die noch kaum mehr als alleine atmen können, es ist schwer zu glauben, wie das alles gehen soll. So vieles, was wir noch nicht wissen, viel zu viel. Es kommt mir vor wie mit dem Fahrrad oben auf dem Berg, der Moment, wenn die Kuppe aufhört und die Abfahrt beginnt. Alles beschleunigt sich, ein letzter Tritt in die Pedale, dann fängt schon der Lenker an zu zittern, und der Fahrtwind treibt uns die Tränen aus den Augenwinkeln.

Noch ist es kalt, nicht mal März, bald schon wird es wärmer werden. Ihr werdet in einen Frühling hineingeboren, schöner kann es doch nicht sein, oder? Wann wird er kommen, wann wird es die letzte Nacht frieren, wann werden die Kirschbäume am Park weiß, wann ist schon alles grün? Wann hört ihr euer erstes Gewitter, wann kommt die erste weite Reise, wann das erste Lächeln, das erste Wort? Wo wird unsere Wohnung sein, wo euer erstes Kinderzimmer? Werden wir uns etwas Schönes leisten können in dieser großen weiten Stadt, die doch jeden Tag enger zu werden scheint, voller, teurer.

Es wird schon werden, denke ich, aber wer sagt das eigentlich? Wer garantiert uns das? Was wissen wir schon? Was ist das für eine Welt, in die ihr da kommt? Wie werdet ihr sie sehen, ihr beiden, und wie wird sie sein zu euch, diese Welt und ihre Bewohner, die Menschen, die ihr trefft, wen werdet ihr lieben, wem die kalte Schulter zeigen, wen heimlich bewundern?

Wo seid ihr hier nur gelandet? Die Nachrichten voller Krieg und Vertreibung. Bomben und Gewehre jetzt auch bei uns vor der Tür, in Europas Innenstädten. Ist es hier und jetzt nicht schlimmer, gefährlicher, dunkler als all die Jahre vorher, als in meiner Kindheit, oder kommt mir das nur so vor? Wegen euch, wegen der Sorge der ersten Tage, wegen all dem, was da jetzt auf uns zukommt?

Werden wir einen guten Platz für euch finden, in dieser Stadt, in diesem Leben? Wer sind wir überhaupt, eure Mutter und ich? Wissen wir das? Werden wir es euch sagen können? Was werden wir euch geben können, was mit euch teilen, welche Worte finden, wann den Mund halten, damit ihr das alles besser ertragt?

Es gibt so viel, was ich euch erzählen will, aber es ist nicht leicht. Nicht für alles gibt es die richtigen Worte. Erst vor ein paar Tagen, dieser Blick von meinem Schreibtisch, das Licht über dem Park, in der Stunde zwischen Dämmerung und Tag, dieses wundersame Licht und die frische Spur im Schnee. Das muss wieder der Fuchs gewesen sein, mitten in der Stadt, er lebt da irgendwo im Park und streift herum, und man kann seine weiße Schwanzspitze leuchten sehen in der Dämmerung, wenn man lange genug am Fenster sitzt und Glück hat.

Ich höre ein Geräusch und schaue auf. Die Nachtschwester steht in der halb geöffneten Tür, eine kleine resolute Person, ganz in Weiß in Hemd und Hose, sie hat uns nicht vergessen. Ich hebe den Daumen, alles in Ordnung. Sie hat gemerkt, dass ihr noch schlaft, flüstert, dass ich sie rufen soll, wenn ihr wieder aufwacht. Ein kurzes Lächeln, dann geht schon wieder hinter ihr das Rufsignal los, sie drückt die Tür ins Schloss. Kurz bekomme ich Angst, dass ihr aufwacht, aber ihr tut keinen Mucks.

Ich schleiche zurück zum Sessel und setze mich hin. Ich denke an unseren Fuchs, den Fuchs vom Mauerpark. Werde ich ihn euch noch zeigen können? Schon sind die Bagger da, die LKWs rollen in langer Kolonne am Haus vorbei. Baum um Baum wurde gefällt, tonnenweise Erde ausgehoben für die Fundamente, der ganze Nordteil des Parks wird zugebaut, Hunderte neue Wohnungen für die Menschen der Stadt, für die einen mehr, für die anderen weniger. Die Armen dämpfen hinten an der S-Bahn den Schall, die Reichen bekommen vorne teures Eigentum mit Grünblick.

Die Stadt wird eine andere. Und ihr werdet nicht wissen, wie es mal war, werdet es vielleicht erahnen, davon lesen oder euch erzählen lassen, oder es ist euch ganz egal. Ihr werdet schön finden, was ihr schön findet, und schlimm, was euch stört, und über vieles, was ich beklage, werdet ihr nicht mal die Schultern zucken. Ihr werdet nicht die Menschen kennenlernen, die ich gekannt habe, nicht alle und nicht so, wie sie waren, aber ich kann euch von ihnen erzählen. Das ist der Trost, den wir haben.

Ich will euch schreiben, denke ich dann, beseelt vom Halbdunkel der Nacht und der Bedeutung des ersten Moments. Ich will euch von allem erzählen, was mir wichtig scheint, will euch sagen, wer wir sind, wo wir leben. Will versuchen für euch zu beschreiben, was das für Zeiten sind, in die ihr kommt, was ich von ihnen weiß und von dem Ort, an dem ihr leben werdet. Vielleicht kann das helfen. Was bleibt uns, außer es zu versuchen?

Noch einmal stehe ich auf, beuge mich vor, sehe eure Gesichter im warmen Licht. Ihr habt die Köpfe gedreht und schaut euch an mit geschlossenen Augen. Ich schaue euch beim Schlafen zu. Bald gehen wir da wieder raus, denke ich, aber noch nicht, jetzt noch nicht.

Dann setze mich wieder in meinen Sessel am Fenster und hole mein altes Schreibhandy heraus. Das Display wird hell. Ich öffne das Textprogramm und mache eine neue Seite auf. Ich sehe die beleuchteten Buchstaben der Tastatur. Ich lehne mich vor und fange an.

KAREEN DANNHAUER

Ankommen

Dein Baby ist angekommen, wie ein kleiner Astronaut von einem fernen Planeten. In etwa so muss es sich anfühlen. Wo bin ich denn hier gelandet? Vielleicht schaut es sich neugierig oder einigermaßen verblüfft um, oder aber es lässt diesen ganzen Weltschmerz in einen ersten Schrei münden. Was ist geschehen? Wie dein Baby das Geborenwerden erlebt, können wir nur ahnen. Hier per se von »Geburtstrauma« zu sprechen halte ich für eine recht große Kategorie, immerhin scheint es uns so bestimmt, recht unsanft aus der einen Welt in die nächste einzutauchen. Intuitiv nehmen fast alle Frauen ihr Baby zu sich und sagen ihm, dass alles gut ist, halten und wärmen es. Auch für die Väter fällt nun endlich all die Anspannung durch das Hochenergie-Erlebnis Geburt ab. Einige von ihnen weinen, viele sind auch erst mal angemessen sprachlos. Gemeinsam könnt ihr beide nun euer Baby in Empfang nehmen.

Umstellung für alle Sinne

Wenn dein Baby geboren wird, hat es von einem Moment auf den anderen plötzlich komplett veränderte Sinneswahrnehmungen. Sein gesamtes bisheriges Leben lang hat es die

Welt im Mutterleib kennengelernt – und mit dem Moment der Geburt bleibt nichts wie zuvor. Während das Zuhause deines Babys, deine Gebärmutter, ein warmer und relativ homogener Ort war, in dem sein bisheriges Leben vermutlich recht gleichförmig verlief, ändert sich das nun von einem Augenblick zum nächsten. Vor allem die Sinne Sehen, Hören und die Wahrnehmung von Raum und Schwerkraft erfahren von einem Moment auf den anderen eine bunte und intensive Stimulation. Schreck, Verunsicherung, Irritation: So dürfte sich das für dein Baby mindestens anfühlen. Deshalb ist es wichtig, dass es unmittelbar wieder Halt, Schutz, Geborgenheit, »Mama« eben, erfährt. »Gebärmutterähnliche Verhältnisse herstellen« mit viel Umhüllung, Körperwärme und Reizabschirmung ist auch noch in den kommenden Wochen ein wichtiges Konzept, deinem Baby den Start in diese neue tolle Welt zu erleichtern. So kann es sich beruhigen und dann vertrauensvoll seine Fühlerchen in die neue Welt ausstrecken.

Bonding

Die Bindungstheorie ist mittlerweile ein etabliertes Konzept in der Psychologie. Sie beschreibt die Bedingungen und die Muster, unter denen wir Menschen Bindungen eingehen. Ergänzt um evolutionsbiologische Erkenntnisse sind diese Bedingungen dankenswerterweise als zentraler Grundgedanke in das Verstehen der kindlichen und elterlichen Bedürfnisse und in die grundsätzliche Betrachtung von »Beziehung« eingegangen.

Menschenbabys zeigen intensives Bindungsverhalten – das ist ihre Lebensversicherung, denn unter den Säugetieren gehören sie zu den besonders schutzlosen Jungtieren. Sie können weder weglaufen, sich etwas zu essen organisieren oder auch nur ihre Körpertemperatur stabil halten. Sie sind maximal darauf angewiesen, dass die Eltern für das Stillen ihrer Grundbedürfnisse sorgen. Menschenbabys gehören demnach wie alle Primaten zu den Traglingen, der Körper der Eltern ist der einzig sichere Ort auf dieser Welt. Sie brauchen den innigen körperlichen Kontakt zu ihren Eltern zum Überleben. Werden diese Grundbedürfnisse sicher und verlässlich erfüllt, kann dein Baby Urvertrauen für eine stabile seelische Grundlage entwickeln. Aber Bindung ist immer etwas Wechselseitiges. Bonding findet nicht »für das Baby« statt, sondern für die Eltern-Kind-Beziehung, die wie alle Beziehungen gegenseitig ist.

Die Natur gibt auch uns Eltern jede Menge intuitives Bindungsverhalten mit. Das kann man wunderbar schon in der ungestörten, ekstatischen Geburtssituation finden. Unmittelbar nach der Geburt nehmen viele Frauen ihr Baby gleich intuitiv zu sich in den Arm (wenn man ihnen diesen Moment lässt), und zwar »einfach so«, ohne sich auch nur eine Nanosekunde lang zu fragen, wie man ein Baby »korrekt« hochhebt. Das Bindungsverhalten macht uns zu Muttertieren, die aufmerksam und gluckiger als je gedacht feine Antennen entwickeln für die großen und kleinen Bedürfnisse unserer Kinder und fest entschlossen sind, sie – mehr oder weniger – bedingungslos zu erfüllen.

Bindung stiften

Um die Bedürfnisse des Babys zu verstehen, hilft es enorm, sich immer wieder darauf zu besinnen, dass sie biologisch noch im Neandertal verwurzelt sind. Wir können dieses Band für beide Seiten stärken, indem wir auf unser intuitives Verhalten vertrauen und zulassen, was uns unser Gefühl sagt. Viele Mütter legen ihr Baby nach der Geburt nur zögerlich, fast widerwillig ins Babybettchen. Am liebsten hätten sie es nonstop im Arm, um es zu betrachten und den süßen Babyduft zu schnuppern. Wenn das so ist: Lebe das rückhaltlos aus.

Wenn das (noch) nicht unmittelbar nach der Geburt so ist, weil du möglicherweise schlicht einen Moment brauchst – sei es, um dich erst mal wiederzufinden, zu erholen, zu realisieren, was da geschehen ist –, ist das natürlich total o. k. und überhaupt kein defizitäres Muttergefühl. Manche Frauen fühlen sich von Beginn an getränkt von Oxytocin und Mutterglück, andere brauchen eine Weile, um dort anzukommen. Falls du also ein schlechtes Gewissen hast, weil du erst mal denkst »schön Baby, dass du da bist, aber ich muss mich jetzt erst mal sammeln, die Geburt war echt ein Brett« – du bist in allerbester Gesellschaft.

Manchmal wird auch etwas missverstanden: Wir müssen Bindung nicht »machen«. Sie geschieht einfach, wenn wir es zulassen. Und es gibt Verhaltensweisen, die beiderseitiges Bindungsverhalten unterstützen, wie halten, tragen, gemeinsam schlafen, pucken, stillen. Zusammengenommen werden diese Konzepte unter dem Begriff *Attachement*

Parenting zusammengefasst, einer Bewegung, die mittlerweile fester Bestandteil der Erziehungslandschaft geworden ist.

Erholung

Körperlich und seelisch braucht ihr nun einen Schutzraum, der euch Erholung erlaubt, sodass ihr emotional wieder Boden unter die Füße bekommt und alles gut heilen kann. Wenn man sich also fragt, was man sich unter dem schönen, altmodischen Wort »Wochenbett« vorstellen sollte, ist der Name eigentlich Programm: Du solltest vorwiegend *im Bett* sein. Und zwar – *Wochen*. Im Plural. Leider gibt es in Deutschland keine wirkliche Wochenbettkultur mehr, wo diese Dinge selbstverständlich sind. Noch bis vor 15 Jahren verbrachten die Frauen nach der Geburt ihres Kindes eine knappe Woche im Krankenhaus. Weitere 20 Jahre davor zwei Wochen lang.

Natürlich ist das nicht notwendig oder gar sinnvoll. Ein Krankenhaus ist nicht unbedingt der beste Ort für körperliche und seelische Erholung im ansonsten vollkommen gesunden, aber emotional fragilen Zustand. Aber dort liegt man immerhin zumindest vorwiegend im Bett, allein deshalb, weil es außer dem Klappstuhl daneben kaum einen anderen Aufenthaltsort gibt. Heute gehen Frauen meistens nach drei Tagen nach Hause, nach einem Kaiserschnitt nach höchstens fünf. Das ist super, allerdings nur dann, wenn darüber nicht die »medizinische Indikation« für Bettruhe vergessen wird, egal wie »leicht oder schwer« deine Geburt war. Du bist nach drei Tagen vielleicht noch in einem Endorphin-High und fühlst dich, als könntest du Bäume ausreißen – ein trügerisches Gefühl, denn in Wirklichkeit braucht dein Körper nichts mehr als Ruhe und Schonung.

Wenn es zu viel wird

Wenn du dir zu schnell zu viel zumutest, wirst du vermutlich Symptome entwickeln, die ein deutlicher Wink deines Körpers sind und dich davor schützen, weiter über deine Grenzen zu gehen. Diese Hinweise könnten sein: Geburtsverletzungen schwellen an, Nähte heilen weniger gut, die Blutung deiner Gebärmutter wird stärker, der Milchfluss wird durch Stresshormone gestört, du gehst an deine emotionalen Stressgrenzen und brichst in Tränen aus, weil deine Schwiegermutter dich fragt, ob du auch wirklich genug Milch hast. Wie so oft merkt man es aber erst hinterher, wenn man die Grenzen also bereits überschritten hat. Wenn du dann abends um 21 Uhr deine Hebamme anrufst und etwas in der Art schilderst, wird sie erst mal fragen: »Was war denn heute los?«

Wenn die Antwort lautet: »Wir waren nur kurz bei H&M, weil alle Bodys doch zu groß sind. Und dann habe ich noch drei Still-BHs anprobiert, und dann haben wir – nur ganz kurz! – noch in unserem Lieblingscafé einen Kaffee getrunken. Aber eigentlich war ich die ganze Zeit im Bett. Meinst du, das kommt davon? Auch mein Schüttelfrostanfall eben?«, wird deine Hebamme innerlich ein kleines bisschen mit den Augen rollen und außer »Lege dich sofort hin und bleibe morgen den ganzen Tag im Bett und übermorgen auch« keine weiteren medizinischen Maßnahmen einleiten.

Zu Hause

Du wirst es sehr genießen, wenn die »Wochenstube«, wie man sie früher nannte, schön und vorbereitet ist. Euer Schlafzimmer wird für die nächsten beiden Wochen zum Nabel der Welt. Dass dein Leben in dieser Zeit vorwiegend *im Bett* stattfinden wird, habe ich zwar bereits erwähnt und riskiere, dir damit langsam auf die Nerven zu gehen, aber doppelt hält hier besser. Obwohl du (hoffentlich) total gesund bist, sollst du tatsächlich viel und lange noch im Bett bleiben – und dies aus streng medizinischer Indikation und nicht aus lauter Hebammenromantik. Hier kannst du liegen, ausruhen, schlafen, Baby bestaunen, versuchen zu schlafen, zwischendurch mal kurz stillen im Sitzen, im Liegen, eindösen, aufwachen …

Lasse dir zwei von drei Hauptmahlzeiten im Bett servieren, oder esst am besten gemeinsam dort, den Spaghettiteller auf den Knien balancierend, euer Baby zwischen euch. Auch Babywickeln geht immer mal im Bett, dann braucht man nicht unnötigerweise umständlich aufzustehen. Vielleicht nicht unbedingt nach einer Windelexplosion, aber für »schnell mal zwischendurch« funktioniert das ganz gut.

Wenn du schon ein Kind hast, hat es eine wichtige Signalwirkung für den Rest der Familie, wenn Mama im Bett bleibt. Wenn du schon zum Essen aufstehst, hast du ziemlich sicher gleich ein weiteres Kind am Rockzipfel und fängst an, hinterher den Geschirrspüler einzuräumen. Bleibe also im Bett und verteile dort die Kuschel- und Vorleseeinheiten für dein großes Kind, das nun auch sehr gern wieder klein sein will und bei Mama …

Alles in Reichweite

Am besten machst du das Schlafzimmer nun einfach zum Zentrum der Wohnung. Baue um euer Bett herum alles auf, was du häufig und immer in deiner Nähe brauchst. Du hast mit Sicherheit entweder ein Baby am Busen oder es ist gerade in deiner Armbeuge eingeschlafen (oder beides), wenn dir einfällt, dass dein Tee in der Küche steht oder du eben noch frische Stilleinlagen aus dem Bad holen wolltest. Oft dient auch das Beistellbettchen eher als ausufernder Nachttisch, als dass das Baby darin liegt. Genau richtig so! Dies alles könnte dabei sein:

- Tee in einer Thermoskanne.
- Stillcreme für empfindliche Brustwarzen; Stilleinlagen, wenn du welche benutzt.
- Spucktücher, du hast deshalb so viele davon, weil bald über jeder Sessellehne eines griffbereit drapiert ist.
- Das Buch, in dem du gerade liest (oder versuchst zu lesen) – zum Beispiel dieses hier.
- Ein angebissenes Käsebrot und eine Banane oder eine Tasse voll Studentenfutter für spontane Hungerattacken.
- Taschentücher zum Rührungstränen-Trocknen.

Hygienisch rein?

In den letzten Jahren hat sich das Verständnis von Hygiene im Wochenbett sehr verändert. Gab es früher recht phobische Ratschläge, Binden nur mit einer Pinzette anzufassen, nicht zu baden, nicht die Haare zu waschen, vor jeder Baby-Berührung die Hände zu desinfizieren, Babywäsche in die Kochwäsche zu werfen, mit Vaporisatoren die gesamte Stellfläche in der Küche zu belegen und die gesamte Wohnung vor der Heimkehr der Wöchnerin und dem Baby großflächig mit Sagrotan zu behandeln, ist heute von all diesen Dingen nicht mehr viel übrig geblieben, heute weiß man es besser. Gesunde Hautkeime der Mutter sind wichtig für das Baby. Sie besiedeln dessen Haut – und es sind »gute« Keime, von denen kann dein Baby gar nicht genug bekommen. Auch jede Hausgemeinschaft hat eine spezifische, gesunde »Hausflora«, mit der das Baby gern in Kontakt kommen darf. Körperflüssigkeiten, etwa der Wochenfluss, sind keimbesiedelt wie der Körper selbst, aber natürlich nicht »hoch infektiös«, wie es den Frauen früher gern eingetrichtert wurde.

Solange du in der Klinik bist, mache dort ausgiebig Gebrauch von dem überall bereitgestellten Händedesinfektionsmittel. Im Krankenhaus leben Bakterienstämme, die sich im Kampf gegen Antibiotika und Desinfektionsmittel hartgesottene Resistenzen erkämpft haben, das sind manchmal auch echte Problemkeime, denen du dich und dein Baby nicht großzügig aussetzen solltest. Saubere Hände gehen so: Desinfiziere dir zuerst die Hände (eine kleine Pfütze des

Mittels in deinen Händen verreiben, bis es getrocknet ist, auch in den Fingerzwischenräumen und den Nagelbetten) und wasche dir danach die intensiv riechenden, flüchtigen Hilfs- und Duftstoffe zusammen mit den Bakterienleichen mit warmem Wasser und Seife von den Händen. Vor allem, bevor du auf die Toilette gehst, deinen Busen oder das Baby anfasst. Händedesinfektion ist nicht »das bessere Händewaschen«. Es ergänzt es, ersetzt es aber nicht.

Zu Hause brauchst du das nicht mehr, also auch kein Händedesinfektionsmittel. Hier reicht etwas häufigeres und gründliches Händewaschen, gewöhne dir im späteren Wochenbett auch an, immer wenn du draußen fremden Keimkontakt hattest, deine Hände gut zu waschen. Das reicht vollkommen aus.

Multimedia im Wochenbett

In Zeiten, in denen wir ein intensives Leben mit unseren digitalen Endgeräten führen, gibt es natürlich auch kein smartphonefreies Wochenbett mehr. So ist das Leben, und das macht etwas mit uns, mit unserer Aufmerksamkeit, mit unserer Kommunikation und damit vermutlich auch etwas mit unserem Bindungsverhalten.

Auf welche Impulse reagieren wir in unserer modernen Welt? Schon weit vor dem Smartphone-Zeitalter gab es sie, die technischen Signale zum Wecken unserer Aufmerksamkeit, etwa das Radiopiepsen zur vollen Stunde beim Beginn der Nachrichten oder den Soundtrack der Tagesschau. Heute ist es dann eben das *Whatsapp*-Ping oder der

Mail-Eingangs-Sound, die die meisten von uns fast reflexartig reagieren lassen. Stumpfen wir durch diese ganzen Signale ab, fordert Multitasking unsere Aufmerksamkeit so sehr, dass eben ab und zu etwas Kleines, Feines durchrutscht?

Bindungsforscher (und wir Hebammen) beobachten seit Jahren, wie die Sensibilität bezogen auf Signale von Babys heute offenbar leichter verloren geht. Frühe Zeichen des Missempfindens, wie Abwenden des Blickes, unruhiges Sich-Winden, Müdigkeitszeichen, werden vielfach verpasst, und erst das »richtige Schreien« wird wahrgenommen. Die Sensibilität von Babys wird unterschätzt: Der Ausflug ins Einkaufscenter, Sonnenbestrahlung ohne Mützchen und unsere trubeligen Lieblingscafés werden dem Baby unbesorgt zugemutet. »Schreibabys« sind vielleicht auch deshalb heute ein so verbreitetes Thema, weil Babys nichts anderes übrig bleibt, als laut zu werden, wenn die leisen Zwischentöne nicht gehört werden, oder weil unser Leben insgesamt eben auf allen Ebenen »reizvoller« geworden ist. Wir lesen also dicke Bonding-Bücher, es ist in aller Munde, wie wichtig das ist, besuchen Baby-Reading-Kurse, stecken unsere Babys in Tragetücher – legen aber das Smartphone nicht aus der Hand und kommunizieren via Text und Bildschirm anstatt von Antlitz zu Antlitz.

Und dein Baby ist verwirrt: Es braucht das Gegenüber, um die Interaktion, in der sich Mama gerade befindet, zu verstehen. Alles wird neugierig beobachtet: Plauderst du mit der Nachbarin im Treppenhaus, studiert dein Baby gebannt das mimische Schauspiel der Gesprächspartner, vor allem deines ist spannend. So lernt es, Situationen und Emotionen einzuschätzen. Schälst du Kartoffeln oder schwingst den Staubsauger, kann dein Baby sehen, was passiert und lernt etwas über Ursache und Wirkung. Schauen wir allerdings auf einen Bildschirm oder unser Telefon – geschieht einfach sehr wenig. Und Mama schaut irgendwo ins Leere und ist gleichzeitig spürbar nicht anwesend. Aber wo ist sie? Babys verunsichert das enorm, es findet in diesem Moment – so würden Bindungsforscher das beschreiben – ein Beziehungsabbruch der Mutter statt. Mama ist da und doch nicht da. Wenn das regelmäßig geschieht, ist das eine ausgesprochen irritierende Erfahrung.

Erstaunlicherweise muten wir unseren Babys, solange sie klein sind und höchstens indirekt protestieren, ein vergleichsweise unhöfliches Verhalten zu: Wir wedeln mit der Rassel und tippen gleichzeitig schnell noch etwas ins Telefon.

Gerade im frühen Wochenbett, der Phase des Kennenlernens und des Sich-ineinander-Verliebens, ist ungebremste Aufmerksamkeit eigentlich das Wichtigste der Welt. Man möge sich, übertragen auf die Erwachsenenwelt, nur mal vorstellen, beim ersten oder zweiten Date in der Schmetterlingsphase des Umeinander-Werbens (letztlich: der Bindungsphase) permanent auf einem Telefon rumzutippen oder Fotos des Gegenübers zu knipsen, wegzulöschen, noch mal zu knipsen und mit vielen Emojis versehen in die Weltgeschichte hinaus zu verschicken.

Erinnere dich daran, was Forscher längst herausgefunden haben: Multitasking tut auch dir nicht gut, es zerstreut und überfordert uns permanent.

Besuch

Wichtigste Grundregel: Lade nur Leute zu euch ein, die du ungeschminkt, mit ungewaschenen Haaren, milchbekleckertem Schlabberhemd und Blutflecken auf dem Bettlaken willkommen heißen willst. Ja, das klingt erst mal Furcht einflößend, aber etwa so ist die Realität.

Das gilt für die ersten beiden Wochen, dann fühlst du dich langsam wieder ein bisschen stabiler und in dir selbst zu Hause. Bei Freunden ist damit ziemlich schnell klar, wer da infrage kommt und wer nicht, und es reduziert sich auf sehr organische Art und Weise. Dann gibt es noch die Unterscheidung von Besuch a) »will bewirtet werden« und b) »bringt statt Blumen Kuchen mit und weiß, wie man bei euch Kaffee kocht, und räumt hinterher selbstverständlich den Geschirrspüler ein«. Besucher aus der Kategorie b sind willkommen, die aus a müssen zum Abwerfen der Babygeschenke noch etwas warten.

Nach jeder Wehe …

… habe ich Baumwipfel gesehen.

Jedes Mal, wenn der Schmerz vorüber war, schwebte ich über einem unüberblickbaren Wald, weit und weich, unendlich die Baumwipfel der Blautannen. Sie gingen im Wind hin und her.

Nach jeder Wehe sagte ich, ich habe die Baumwipfel wieder gesehen. Wie gut, da bin ich froh, sagtest du neben mir und versuchtest dieselben Baumwipfel zu sehen. Wie sahen sie aus? Fragtest du. Sie waren weich, sie bewegten sich im Wind, hin und her, vielleicht auch im Wasser, im Gang der Wellen, hin und her. Sie waren viele, sagte ich, ich sagte das durch viele Stunden. Wir sind auch viele, sagtest du und drücktest deine Handflächen an meinen Rücken. Jetzt, die Wipfel. Sagte ich. Gottseidank, sagtest du.

Wir versuchen alles, was Familie ist, zu teilen. Ich und du.

Nicht alles ist teilbar. Wissen wir.

Das Nichtteilbare versuchen wir zu beschreiben. Das ist dann auch unser Beruf.

Eine Möglichkeit das Unteilbare zu teilen.

Frühling

In unserem Garten sind die Spitzen erster Frühlingsblüher zu sehen.

—

Eine Schneedecke legt sich über die Blütensprieße.

—

Ich sitze am Fenster und warte, bis E. neben mir aufwacht. Sie ist fünf Tage alt.

—

Einzelne Knospen streckten ihre Köpfe aus der Erde, als wir nach Hause kamen.
Außerdem blühten auf der Wiese Primeln und Krokusse.

—

Fortwährend dieses Öffnen und Schließen der Augen.
Fortwährend dieses Wachsein und Schlafsein.

—

Ich streiche E. mit einer Haarsträhne über die Wange.
Meine Haarspitzen aus einer Zeit vor der Schwangerschaft.

—

Ich schreibe links oder rechts, je nach Stillposition.
Entweder raschelt der Bleistift, oder eine Buchseite knistert.

—

Ich mache das Wochenbett lesend und schreibend bewohnbar.

Das Baby erst in mir
dann auf mir
halb du
halb ich
fadendünne Grenzlinie
übertreten unerwünscht.

—

Ich trage Hemden meines Bruders, Blusen meiner Großmutter. Vergesse mitten im Satz, was ich sagen will.

—

Die archaische Kraft in E.s Kiefer.

—

Der erste Spaziergang mit dem Kinderwagen außerhalb des
Gartens. Eine Freundin begleitet mich, wir drehen kleine
Runden. Auf dem Foto sehe ich strahlend aus, stolz. Ge-
fühlt habe ich mich wackelig.

—

Ich esse Karotten und Äpfel unter der Dusche.

—

E. ist zehn Tage alt, mein Leben zwischen zwei Leben auch.

—

E.s glückliches Staunen in der Badewanne. Ist es ein Erinnern?

—

Ich sei nun ein richtiges Mütterchen geworden, meint die
betagte Nachbarin. »Du Müeterli!«, ruft sie freudig aus.

—

Meine Freundin schreibt mir aus Ankara, dass ihre pensio-
nierten Nachbarn den ganzen Tag auf dem Balkon sitzen
und lesen. »Sie lesen und lesen und lesen!«

Ich liege mit Schüttelfrost im Bett und denke an diese lesenden, sich sonnenden Männer.

–

E. nimmt zu, entfaltet sich.

–

Ich sehe mich in E.s Pupillen. Sehe E.s *Mutter* in ihren Pupillen sich spiegeln, sehe mich, vornübergebeugt, still.

Ich sehe mich aber nicht in E.s Blick, noch geht dieser hauptsächlich nach innen.

Ich sehe meine Vorstellungen ihre Schutzhüllen verlieren.

Bin von je einem Auge berührt.

–

»Genieß es!«

–

Ich lese in einem Gedicht von *Elisabeth Sharp McKetta* von »Grapefruit-Tagen« mit einem Neugeborenen. Wie tröstlich eine passende Bezeichnung sein kann.

–

E. ist fünf Wochen alt. Ich bin zum ersten Mal ohne sie unterwegs. Gehe in ein Kunstmuseum. Ich renne nahezu durch die Ausstellung.

–

E. kann nun lächeln. Und sehr laut schreien.

Wir liegen wie Ölsardinen zu dritt im Bett, der Hund neben dem Bett. N. und ich blass um die Nase, E. rosig, der Hund schnarchend.

Ich bin zum zweiten Mal allein. Die Zeit läuft. Ich gehe an eine Führung in dasselbe Kunstmuseum. Die Museumspädagogin kennt mich, erkundigt sich nach dem Baby. Eine Teilnehmerin will nicht glauben, dass ich ein sechs Wochen altes Baby *alleine* lasse, ob ich denn nicht stille.

—

Tatsächlich stille ich gefühlt den ganzen Tag. Das ist der bedürfnisorientierte Ansatz, der derzeit im Trend liegt.

—

Esse Eis an der Sonne. E. schläft.

—

E. hat eine Wimper auf der Schulter. Ihre Wimper, die von N., meine?

—

Der morgendliche Gang in den Garten. Nach einer durchwachten, verschwitzten Nacht, vor einem langen Stilltag. Ich zähle die Blüten.

—

Tannen strecken mir ihre Astspitzen entgegen. Zum Trost, denke ich.

—

E. schaut in Baumkronen
verliert sich in üppigem Grün
kaut an ihrem Fäustchen
rankt sich
um sich
lacht.
Das Frühlingskind.

—

Ich gehe in Kreisen.

Verbringe erneut einen halben Tag mit Schüttelfrost im Bett.

—

Die Hebamme bestärkt mich. Zu schreiben. Zu lesen. Wenn ich sie anrufe und sage, ich könne einfach nicht mehr andauernd stillen, fragt sie: »Und wann willst du dann lesen?«

—

Damit hat sie recht. Die Tage verbringe ich hauptsächlich auf dem Schaukelstuhl, stille und lese. Ich lese ein Buch nach dem anderen, ich lese E. vor.

—

Nasen, Augenbrauen, Wangenknochen beginnen, sich abzuzeichnen. Die Bergkette gegenüber entwickelt Gesichter.

—

Ein Gesicht ist besonders akzentuiert, jeden Tag, bei jeder Wetterlage hat es eine andere Stimmung. Es wird mein Freund.

—

Ich stille, wickle, lese und notiere. Mache ich mehr, holt mich der Schüttelfrost ein. N. wickelt, kocht, putzt und geht seiner Erwerbsarbeit nach.

—

E.s inniger Blick.

—

Ihre Augenbrauen erhalten Kontur. Ihre Wimpern sind länger als N.s und meine.

—

Ich betrachte die Blumen, die ich in der Schwangerschaft gepflanzt habe. Nun, sieben Wochen nach der Geburt, erblühen die Tulpen.

Schreibtischzeit fehlt.

–

Am Saum der Welt.

–

Abgenabelt.

–

E.s Nasenkräuseln, im Schlaf, vor dem Lachen, bevor sie trinkt. Ihre Händlein, Fäustlein kriegen nun kleine Fettknöpfe. Sie gurrt, summt.

–

Der stundenlange Schüttelfrost nach dem Kaiserschnitt. E.s neugeborenes Köpfchen lag auf N.s behaarter Brust.

Da schlich sich zum ersten Mal dieses eigentümliche schlechte Gewissen an, das mich seit E.s Geburt immer wieder packt.

–

Am Morgen der Geburt die in den Bäumen sitzenden Krähen.
Scharen von Krähen.

–

Mein Kurzzeitgedächtnis fließt dahin.

–

Die kleinen Freizeiten: unter der Dusche, in einem Brief, im Kunstmuseum.
Mein Aufatmen darin.

–

Das schlechte Gewissen, weil ich diese Pausen brauche, wie Fluchtpunkte.

Woher kommt das verpflichtende Gefühl, in der Selbstauf
gabe Glückseligkeit finden zu müssen?
Woher kommt die Enttäuschung darüber, diese Pflicht nicht
zu erfüllen?

—

Ich widerspreche diesen Gefühlen vehement, trotzdem
suchen sie mich heim.

—

Ich führe mich unterstützende Bücher im Kinderwagen
spazieren.

—

Wir liegen zu dritt im Bett. N. und ich sind entspannt, E.
lacht und quietscht. Der Hund schnarcht vor sich hin. Wir
sind eine Bilderbuchfamilie! Ich kenne viele Fotos im Stil
dieser Ausnahmesituation: So habe ich mir die Elternschaft
größtenteils vorgestellt.

—

Die blanke, weiße Wut, eines Morgens, nach einer Reihe
fast durchgehend schlafloser Nächte. Ich bitte N., mit E.
für zwei Stunden spazieren zu gehen. Eine längere Pause ist
wegen des Stillens nicht möglich. Sein scheuer Blick, als er
nach Hause kommt.

—

In solchen Nächten muss ich die Lampe einschalten und
die weinende E. bei Licht betrachten. Sie als das Neugeborene ansehen, das sie ist.

—

Ein Baby ist ein Baby ist ein Baby ist ein Baby.

—

Eltern sind Eltern sind Eltern sind Eltern.

Ich lese »Familienlexikon« von *Natalia Ginzburg*. Es ist tröstlich, von den Eigenarten anderer Familien zu lesen. Ich beneide Natalia Ginzburgs Mutter, die Ammen beschäftigte, eine Schneiderin und eine Köchin!

–

Ich träume von Ammen.

–

In einem anderen Traum bin ich eifersüchtig auf eine junge, ungebundene Frau, die ähnlich aussieht wie ich. N. verliebt sich in diese Frau, und ich werde traurig. Dass ich das wohl war, fällt mir erst am nächsten Tag auf.

–

Ich muss diese Frau wiederbeleben!

–

Die roten Wangen der Apfelknospen im Mai.

–

Der Hund, das Baby und ich sonnen uns. E. neben dem Schreibtisch (ohne auf mir zu sein), schlafend, der Hund unter dem Schreibtisch, ich *im* Schreibtisch.

–

Seit E.s Geburt ist meine Handschrift sehr müde. Ich kann kaum lesen, was ich schreibe.
Erste Falten furchen sich in E.s Hände und Füße.

–

Ich beobachte Vögel. Insbesondere Amseln. Amseln fallen mir auf, seit ich hochschwanger war.

–

Und die Amseln sehen mich.

Auf der Suche nach einem Nistplatz geh ich
durch lichtes Gezweig
das Kind schläft
träumt

(die) Brut
(ich) Amsel
(das) Ei

einen ersten Sprung in der Schale
eidottergelbe Blumen im Haar
diktiert mir das Kind
wann ich schreiben kann

stille Zwischenzeiten

die fuchsfarbene Katze zieht den Kinderwagen

ich bade das Kind im See
Kaulquappen umschwimmen es
raspeln an seinen Zehen
das Kind lacht

auf der Suche nach Schreibstoff will ich immerzu stillen
dazu einschlafen und träumen, in anderen Ländern aufwachen

ich bringe dem Kind Fremdsprachen bei
es zeigt mir, wie man gurrt

die Amsel sieht mich am immer gleichen Ort hinter der
Kurve Bleistiftspitzen picken

Fabeltiere gehen durch meine Texte
Leuchtkäfer säumen den Weg.

Sommer

Die Dunkelheit fließt vom Berg, Waldsäume beginnen, sich abzuzeichnen.
Ich kenne den Blick aus dem Fenster während aller Stadien der Nacht.

–

Ich träume, ich jätete nachts.

–

In meinem stillenden Amselgang geh ich, leicht vornübergebeugt, mit schnellen Schritten über die Straße. Kaufe Watte. Kaufe Seife.

–

Das Kind nistet sich bei mir ein. Es setzt Bäcklein an. Etwas raschelt in meinem Schoß.

–

Das Brustkind wächst mir ans Herz.

–

Ich putze das Kind, seine Ohren, ich streiche ihm das Salz aus den Augenwinkeln, die salzigen Weinspuren.

–

E.s Bauch hebt und senkt sich. Sie schläft. Ich öffne das Buch.

–

Bin butterweich.

–

Hinter Milchglas.

–

»Ich war verschwunden, in den Bauch unserer Wohnung verschluckt, wo ich mich ameisenhaft hin- und herbewegte.« *Antonia Baum*

–

E. kann sich nun drehen. Übt voller Ernst und Körperfreude.

–

Ich lese in einem Zeitschriftenartikel von einem Wechselspiel zwischen Über- und Unterforderung mit Babys und Kleinkindern.

–

Ich lese in *Marie Darrieussecqs* Buch »Das Baby« von einer »Ich-Schmelze« in der frühen Elternschaft.

–

Es ist warm, und ich lasse E. morgens auf einem Handtuch robben. Mache in dieser Zeit kurze Notizen oder Zeichnungen. Sobald E. genug davon hat, bade ich sie, und wir starten den Tag.

–

In einem Freibad in unserem Quartier habe ich eine Jahreskarte gelöst. Nicht um zu schwimmen, sondern um mit E. dort spazieren zu gehen. Morgens auf der Wiese Kreise zu drehen in der Aufräumstimmung, sie nachmittags in den Schlaf zu schaukeln im klimpernden Freibadlärm.
Um auf dem Land Menschen zu sehen.
Um die Zeit wegzuschieben.

–

E. ist vier Monate alt und schläft viel. Ich erwerbsarbeite noch nicht, lese einen Roman nach dem anderen, während ich E., schlafend, in den Armen halte. Bin in dieser zufriedenen Phase ein wenig mollig, ein wenig lethargisch.

–

E. schmatzt, während ich esse, und greift in mein Müsli. Als allererste Mahlzeit kriegt sie drei Löffelspitzen Sahne in der Sonne. Seither ungesalzenen Gemüsebrei.

–

Ich gebe zum ersten Mal eine Lesung. Unter einem alten Walnussbaum an einem See. Es ist Sommer, es ist warm. Wenngleich der Rahmen klein und willkommen heißend ist, E. und N. mit dabei sind, kostet es mich viel, vor ein Publikum zu treten.

–

Es fällt mir schwer, mir in dieser formlosen Zeit eine Form zu geben.

–

Es fühlt sich an, als hätte ich in den letzten Monaten eine Schutzschicht abgelegt. Abgegeben. Wie kann ich mir diese Schutzschicht wieder zulegen?

–

Ich denke an den Vorgang der Häutung bei Schlangen. Lese: »Die Schlange verliert bereits einige Tage vor der Häutung ihren Glanz.«

–

Die abgelegte Haut nennt man »Natternhemd«.
Meine Natternhemden hängen im Keller. Die zu kleine Kleidung von vor der Schwangerschaft. Die Schwangerschaftskleidung. Bald die Stillkleidung.

Frühere Natternhemden flattern irgendwo, auf irgendwem, durch die Welt. Andere verklumpen zu Inseln.

–

E. schläft nachts neuerdings nur noch in meiner Armbeuge. Vormittags und nachmittags im Kinderwagen. Schimmernde Ruhe.

–

Gestern las ich abends, als E. schlief, in einem philosophischen Text. Wurde von der Monotonie des Tages befreit.

–

Wie als Teenager nutze ich das Lesen als Refugium. Lese mich aus dem Alltäglichen davon.

–

Ich lese in *Sylvia Plaths* Roman »Die Glasglocke« von »großen, zerfahrenen Buchstaben« und denke an meine Wochenbettschrift.

–

Auch die Buchstaben haben ihren aufrechten Gang verloren.
Richten sich langsam wieder auf.

–

Nachdem E. vier Monate lang quasi auf mir gewohnt hat, werden die Zeiten länger, die wir ohne Körperkontakt verbringen.

–

E. nimmt alles in den Mund. Man nennt das »mundeln«.

–

Mein Bergfreund hat seine Schneedecke abgelegt. Er sieht nun etwas weniger streng aus.

–

Meine Freundin aus Ankara besucht uns. Morgens, wenn sie in die Küche kommt, sitzt E. zwischen ihren Kissen und studiert Dinge. »Ah, schon bei der Arbeit!«

–

E. erkundet ihre Stoffblume so eingehend und konzentriert, dass sie bisweilen schielt.

–

Heute schweben die Blumen, und E. lacht.

–

»Mama« ist ein Lalllaut, lese ich. Es fällt mir schwer, mir vorzustellen, dass mein zukünftiger zusätzlicher Name ein Lalllaut sein soll! Ich stoße auf Unverständnis.

–

Die unterschiedlichen Meinungen, wenn es um Geburten geht, das Stillen, Schlaf, Kinderbetreuung.

–

Abwertende Blicke bleiben wie Spinnweben an mir haften.

–

Es fehlt mir an Selbstsicherheit. Diese Frau mit dem Kind muss ich erst kennenlernen, sie wurde ja gerade erst Mutter.

–

Die Zettel, Ideen und Bücher stapeln sich auf meinem Schreibtisch.

–

Ich verschicke mich in Briefen.

–

Trage Briefmarken mit mir, um losfliegen zu können.

–

Hin und wieder fällt eine Zwetschge vom Baum.

–

Ich merke, wie gut es mir tut zu schreiben. Alleine. Wenn E. schläft.

–

Als sei ich dabei, eine neue Sprache zu lernen, mich an einem anderen Ort einzuleben, mich einzunisten.

–

An einem Ort, an dem ich nicht so viel Freiraum zu haben scheine.

–

Es regnet nächtelang durch. Die nahen Überschwemmungen machen den Klang des Regens mit jeder Nacht unerträglicher.

–

Ich beginne, Yoga zu praktizieren, während E. sich neben mir reckt und wälzt.

–

Ich male Paralleluniversen mit Aquarellfarben. Übe Vokabeln.

–

Immer wieder überrascht es mich, wie müde und vergesslich ich bin. *Noch immer.* Meine Elternzeit wäre in Liechtenstein nun, nach fünf Monaten, vorbei, könnte ich sie nicht verlängern. Die Vorstellung, in meinem so durchlässigen Zustand während eines langen Arbeitstags Leistung zu zeigen, verunsichert mich. Dass andere diese Leistung erbringen, während ich »nur«, wann immer möglich, schreibe und lese, ein wenig lektoriere.

–

Ich muss immer wieder an meine ehemalige Nachbarin denken. An die alleinerziehende Frau mit den zwei Kleinkindern, die ich so süß fand und mit denen ich mich gerne im Gang unterhielt. An mich, dass ich dieser Nachbarin nie Essen brachte oder anbot, für zwei Stunden mit den Kindern zu spielen. Ich wusste es damals nicht besser, oder ich wollte es nicht besser wissen. Ich ging fröhlich winkend nach oben, in meine Wohnung. In den riesigen Raum, den ich für mich alleine beanspruchte.

–

E. purzelt, rollt, kräht, brabbelt. Sie ist sehr vergnügt. Keck.

–

Ich muss nicht mehr immer alleine sein, um zu mir zu kommen, sondern kann mit E. bei mir sein. Das ist eine neue Erfahrung, die wohltut.

–

Ich bin für zehn Tage in Zürich, in der leeren Wohnung von N.s Schwester. Da die Nächte relativ gut sind und E. und ich zeitgleich einen Mittagsschlaf machen, ist es eine schöne, innige Zeit. Zu zweit mit E.
»Mit meiner Tochter«, sage ich erstmals.

–

Beim Wort *Familie* müssen N. und ich noch immer kichern.

–

E. führt krächzende Zwiegespräche mit ihrer Stoffmaus.

–

Eine Freundin fragt mich, ob denn noch interessant sei, was sie erzähle, jetzt, wo ich ein Kind habe. Ich entgegne, dass es nun noch viel interessanter sei als zuvor.

–

Meine Freundin würde sich gerne sterilisieren lassen. Die Ärzt:innen gehen nicht auf ihr Anliegen ein. Ihr Kinderwunsch könne ja noch kommen.

Bei Menschen mit besonderen Bedürfnissen scheinen diese Skrupel nicht zu existieren.

–

Ich gebe erneut eine Lesung. E. und N. sind mit dabei. Wenn N. mit E. auf dem Arm ruhig ist, blabbert sie, wenn er sich mit ihr bewegt, knarrt der Boden.

Dieses Mal hat es mir gutgetan und Kraft gegeben, meine Texte vorzutragen. Teilzuhaben.

–

Ich lese erstaunt in meinem Notizbuch: »Ich wünschte, ich bräuchte diese Schreibtischzeiten nicht, müsste nicht immer dieses Hirnzimmer aufsuchen. Könnte mich ganz dem Mutterglück hingeben.«

–

»Dabei sind die Beteiligten im Grunde völlig verwirrt, sie stehen mit einem Bein in ihrer modernen Familienbaustelle und mit dem anderen in der Vergangenheit, aus der sie alle möglichen Überzeugungen mitschleppen, über die sie oft nicht mal Bescheid wissen.« *Antonia Baum*

–

Mit rudernden Armen stehe ich am Straßenrand.

–

In der Hitze wirken die Bäume müde. Sie neigen sich, sinken.

–

E. ist ein halbes Jahr alt. Bisher habe ich den größten Teil der Fürsorge übernommen, den überdimensional angewachsenen Haushaltsaufwand teilen N. und ich uns. Ich merke, wie mein Wunsch nach Perspektive wächst, nach mehr Zeit für mich, mehr Zeit für die Literatur, mehr Zeit für Arbeit.

–

Kümmern. Sich sorgen.
Wieso diese Ausdrücke so heißen?

–

Ich spaziere mit der schlafenden E. durch einen alten botanischen Garten. »Die zahlreichen Früchtchen tragen zierliche Schirmchen« steht auf dem Schild zum Goldmohn, auch *Schlafmützchen* genannt.

–

Das goldene Schlafmützchen vertieft dösend sein Wurzelsystem.

–

Ich wechsle nun wieder von Romanen zu Kurzprosa und Gedichten. Meine Lesezeit ist erheblich kürzer, seit E. Beikost isst und weniger gestillt wird. Nur noch E.s Schläfchen sind meine Lesezeit. Sobald ich merke, dass sie in die Aufwachphase eintritt, schaukle ich sie, damit sie mir noch fünf weitere Minuten schenkt.

–

Ich lese von Lindenbaumfächern im Haar, funkelndem Wind und weißen Tennisschuhen in *Friederike Mayröckers* Gedicht »ein überaus schönes und blaues Manöver / Lilien auf die Brust gemalt / für Thomas Kling«.

Was man alles durch das Baby erfährt

Müßiggang

Du lernst, was Müßiggang ist, wie man nichts tut. Das ist die neue Erfahrung in deinem Leben – nichts zu tun. Nichts zu tun und wegen des Nichtstuns nicht ungeduldig zu werden. Es ist leicht, nichts zu tun und ungeduldig zu werden. Es ist nicht leicht, nichts zu tun und sich nichts daraus zu machen, nichts daraus, dass die Stunden vorübergehen, dass die Morgenstunden vorübergehen und dann die Nachmittagsstunden, dass ein Tag vorübergeht und der nächste, während man nichts tut.

Worauf du dich verlassen kannst

Du lernst, dich nie darauf zu verlassen, dass irgendetwas von einem Tag auf den nächsten gleich bleibt, dass er zu einer bestimmten Stunde einschlafen wird oder eine bestimmte Zeit lang schläft. Manchmal schläft er ein paar Stunden am Stück, an anderen Tagen schläft er nicht länger als eine halbe Stunde.

Manchmal wacht er plötzlich auf und weint laut, als du dich gerade darauf eingestellt hast, noch eine Stunde zu arbeiten. Nun stellst du dich darauf ein, aufzuhören. Aber als du noch ein paar Minuten brauchst, um dein Tagespensum zu erledigen, und als du nicht auf der Stelle zu ihm gehen kannst, hört er auf zu weinen und bleibt still. Nun nimmst du die Arbeit wieder auf, obwohl du dich darauf eingestellt hast, dass für diesen Tag mit der Arbeit Schluss ist.

Erwarte nicht, dass du etwas zu Ende bringen kannst

Du lernst, nie zu erwarten, dass du etwas zu Ende bringen kannst. Zum Beispiel starrt das Baby einen roten Ball an. Du putzt ein paar große Radieschen. Das Baby fängt an zu jammern, nachdem du vier geputzt hast und noch weitere acht zu putzen sind.

Du wirst nicht wissen, was los ist

Das Baby liegt auf dem Rücken in seiner Wiege und weint. Weil das Weinen so anstrengt, hat er seine Beine ein wenig über die Matratzenoberfläche gehoben. Sein Kopf ist so schwer und seine Beine sind so leicht und seine Muskeln so hart, dass seine Beine leicht von der Matratze in die Höhe fliegen, wenn er sich, so wie jetzt, anspannt.

Du wirst oft nicht wissen, was los ist, weshalb er schreit, und es würde dir helfen, es würde dir viel Aufregung ersparen, wenn du wüsstest, was los ist, ob er hungrig ist oder müde, ob ihm langweilig ist oder kalt oder heiß, ob er sich in seinen Sachen nicht wohl fühlt oder Magen- oder Bauchschmerzen hat. Aber du weißt es nicht oder nicht dann, wenn dir dieses Wissen helfen würde, nicht jetzt im Augenblick, sondern erst später, nachdem du richtig oder viele Male falsch geraten hast. Und es wird dir nichts nützen, es im Nachhinein zu wissen, oder es wird dir nichts nützen, außer du hast aus der Erfahrung gelernt, einen bestimmten Schrei als Hungerschrei zu identifizieren oder als Schmerzensschrei etc. Aber es fällt dir schwer, die Erinnerung an einen Schrei in deinem Kopf festzuhalten.

Was dich erschöpft

Du musst ebenso für ihn denken und fühlen wie für dich selbst – dass er müde oder dass ihm unwohl oder langweilig ist.

Still sitzen

Du lernst, still zu sitzen. Du lernst zu schauen, wie er schaut, so lange zu den Dachsparren hinaufzuschauen, wie er zu den Dachsparren hinaufschaut, während du in einem weiten Raum still dasitzt.

Unterhaltung

Für ihn – wenn auch gewöhnlich nicht für dich – bedeutet schon die bloße Betrachtung eines Dings Unterhaltung.

Dann gibt es Dinge, die nicht bloß du und nicht bloß er, sondern die ihr beide gerne tut, zum Beispiel in einer Hängematte zu liegen oder spazieren zu gehen oder in der Badewanne zu liegen.

Verzicht

Seinetwegen gibst du viele der Vergnügen auf oder verschiebst auf später, was dir früher Spaß gemacht hat, zum Beispiel zu essen, wenn du hungrig bist, zu essen, so viel du willst, einen Film in einem Stück von Anfang bis Ende anzusehen, in einem Zug so viel von einem Buch zu lesen, wie du willst, schlafen zu gehen, wenn du müde bist, so lange zu schlafen, bis du genug Schlaf gehabt hast.

Du freust dich auf eine Party, wie du dich noch nie auf eine Party gefreut hast, nun, da du so viel mit ihm allein zu Hause bist. Aber an dieser Party wird es dir nicht möglich sein, dich mit irgendjemandem länger als ein paar Minuten zu unterhalten, weil er permanent schreit, und zum Schluss wird er deine einzige Gesellschaft sein – in einem Schlafzimmer hinten im Haus.

Fragen

Wie weiß sein Blick deinen Blick zu finden? Wie weiß sein Mund, dass er ein Mund ist, wenn er nachmacht, was deiner macht?

Seine Wahrnehmungen

In einem Buch hast du gelesen, dass er dich nicht anhand deiner Gesichtszüge wiedererkennt, sondern durch deinen Geruch und die Art, wie du ihn hältst, dass er auf ein Objekt nur dann fokussiert, wenn man es in einer bestimmten Entfernung vor ihm hinhält, und dass er bloß in Grau-Schattierungen wahrnehmen kann. Selbst das, was für dich weiß oder schwarz ist, ist für ihn bloß eine Abschattung von Grau.

Die Schwierigkeit eines Schattens

Er greift nach dem Schatten seines Löffels, aber der Schatten ist wieder auf seinem Handrücken aufgetaucht.

Seine Geräusche

Du entdeckst, dass er in seiner Kehle eine Menge von Begleitgeräuschen zu dem erzeugt, was er gerade erlebt: Grunzlaute, Luft, die in kleinen Stößen hinausgepustet wird. Dann, manchmal, ein hohes Quieken, und dann wieder, wenn er dich anzulächeln gelernt hat, ein hohes Krähen.

Priorität

Es sollte eigentlich ganz einfach sein: Solange er wach ist, kümmerst du dich um ihn. Wenn er einschläft, erledigst du das Wichtigste, das du zu erledigen hast, und erledigst es, so lange du kannst, entweder bis es erledigt ist oder bis er aufwacht. Wenn er aufwacht, bevor es erledigt ist, kümmerst du dich um ihn, bis er wieder eingeschlafen ist, und dann machst du mit dem Wichtigsten weiter. Auf diese Weise solltest du lernen zu erkennen, was das Wichtigste ist, und damit weiterzumachen, sobald du eine Möglichkeit dazu hast.

Absonderliches, das du an ihm wahrnimmst

Die dunklen grauen Staubpartikel, die sich in seinen Handlinien ansammeln.

Die weißen Fusseln, die sich in seinen Achselhöhlen ansammeln.

Das Schwarze unter seinen Fingernägeln. Du hast seine Nägel zu lang werden lassen, weil es schwierig ist, an etwas so Kleinem, das ständig in Bewegung ist, präzise herumzuschneiden. Man würde jetzt eine sehr kleine Nagelbürste brauchen, um sie sauber zu kriegen.

Die Farben seines Gesichts: seine rosige Stirn, seine bläulichen Lider, seine rotgoldenen Augenbrauen. Und die winzigen Schweißperlen, die aus den winzigen Hautporen treten.

Wie seine Nasenflügel gelb werden, wenn er gähnt.

Wenn er seinen Atem anhält und ihn ins Zwerchfell hinunterdrückt – wie schnell sein Gesicht rot wird.

Sein ungleichmäßiger Atem: Wie sich sein Atem in Reaktion auf seine Bewegungen und seine Neugier ändert.

Wie seine abgebogenen Arme und Beine die Form einer Sanduhr annehmen, wenn er auf dem Bauch schläft.

Wie er, wenn er sich an deine Brust lehnt, wie eine Schildkröte seinen Kopf hebt, um wie eine Schildkröte um sich zu blicken, und ihn wieder fallen lässt, weil er so schwer ist.

Wie sich seine Hände langsam wie Krabben oder andere Meerestiere durch die Luft bewegen, bevor sie ein Spielzeug packen.

Wie er sich abbiegt und, das Hinterteil in der Höhe, aussieht, als würde er gleich weggehen oder als wäre oben unten.

Verbunden durch eine einzelne Brustwarze

Du liegst auf dem Bett und stillst ihn, aber du hältst ihn dabei nicht mit den Armen oder Händen fest, und er hält sich nicht an dir fest. Er ist mit dir durch eine einzelne Brustwarze verbunden.

Unordnung

Du erfährst, dass es in deinem Leben jetzt weniger Ordnung gibt. Oder wenn du Ordnung haben willst, dann musst du hart daran arbeiten, sie aufrechtzuerhalten. Zum Beispiel: Es ist Abend, und du liegst auf dem Bett, das Baby halb schlafend an deiner Seite. Du siehst dir *Das Haus der Lady Alquist* an. Plötzlich bricht ein Gewitter los und der Regen prasselt nieder. Du erinnerst dich an die Babysachen auf der Wäscheleine draußen, und du stehst vom Bett auf und rennst hinaus. Das Baby fängt an zu weinen, weil es so plötzlich, halb schlafend, auf dem Bett zurückgelassen wurde. *Das Haus der Lady Alquist* geht weiter, das Baby brüllt jetzt, und du bist in deinem weißen Bademantel draußen im Regenguss.

Protokoll

Es gibt in seinem Tagesablauf so viele Gelegenheiten für Begrüßungen. Bei jedem Aufwachen: eine Begrüßung. Jedes Mal wenn du sein Zimmer betrittst: eine Begrüßung. Und in jeder Begrüßung aufrichtige Begeisterung.

Ablenkung

Du beschließt, dass du, trotz der Schwierigkeit, so etwas zu organisieren, eine öffentliche Veranstaltung, sagen wir ein Konzert besuchen musst. Du triffst aufwendige Vorbereitungen, das Baby bei einer Babysitterin zurückzulassen, indem du einen Sack voller Gerätschaften mitnimmst, ein zusammenklappbares Bett, einen zusammenklappbaren Kinderwagen und so weiter. Im Laufe des Konzerts sitzt du nun da, denkst nicht ans Konzert, sondern bloß an deine aufwendigen Vorbereitungen und ob sie nun ausreichend waren, und egal, wie oft du versuchst, dem Konzert zuzuhören, du hörst nur ein paar Minuten hin, bevor du wieder an jene aufwendigen Vorbereitungen denkst und ob sie wohl ausreichend waren, für das Wohlgefühl des Babys und das Wohlbehagen der Babysitterin.

Henri Bergson

Er führt dir vor, was du vor langer Zeit bei der Lektüre von Henri Bergson erfahren hast – dass dem Lachen immer Überraschung vorausgeht.

Du weißt nicht, wann er einschlafen wird

Wenn er seine Augen weit geöffnet hat und das Licht anstarrt, dann bedeutet das nicht, dass er nicht in ein paar Minuten eingeschlafen sein wird.

Wenn er laut quietschend schreit und sich mit eiserner Kraft von deiner Brust wegkrümmt, seine scharfen kleinen Fingernägel in deine Schulter bohrt oder deinen Hals wie mit einer Harke bearbeitet oder sein Gesicht an deine Bluse drückt, so heißt das nicht, dass er nicht innerhalb der nächsten fünf Minuten schlaff und schwer werden wird. Aber fünf Minuten sind eine lange Zeit, wenn man sich um ein Baby kümmert.

Was seinem Schreien ähnelt

Wenn du auf sein Schreien horchst, dann hältst du für sein Schreien – den Wind, Seemöwen und Polizeisirenen.

Zeit

Es ist nicht so, dass fünf Minuten immer eine sehr lange Zeit wären, wenn man sich um ein Baby kümmert, aber diese Zeit vergeht sehr langsam, wenn du darauf wartest, dass das Baby einschläft, wenn du ihm zuhörst, wenn er allein in seinem Bett weint oder dir ins Ohr wimmert.

Die Zeit vergeht dann sehr schnell, sobald das Baby eingeschlafen ist. Was du zu erledigen hast, hat zu seiner Erledigung immer diese Zeit benötigt, aber bevor das Baby auf die Welt kam, spielte es keine Rolle, weil es zur Erledigung dieser Dinge so viele solcher Stunden am Tag gab. Nun gibt es bloß eine Stunde und, an manchen Tagen, später noch eine Stunde und, wieder an anderen Tagen, sehr spät eine allerletzte Stunde.

Ordnung

Man kann in einer solchen Unordnung nicht klar denken oder Ruhe bewahren. So gewöhnst du dir an, einen Teller sofort nach seiner Benützung abzuwaschen, weil er sonst vielleicht sehr lange nicht abgewaschen würde. Du gewöhnst dir an, dein Bett sofort zu machen, weil dir später vielleicht keine Zeit dafür bleibt. Und dann fängst du an, dir regelmäßig, wenn nicht ständig, den Kopf zu zerbrechen, wie du Zeit einsparen könntest. Du gewöhnst dir an, dich darauf einzustellen, dass das Baby aufwacht, sobald das Baby eingeschlafen ist. Du gewöhnst dir an, alles schon Stunden im Voraus vorzubereiten. Dann beginnt sich deine Vorstellung von Zeit zu ändern. Die Zukunft kollabiert ins Präsens.

Andere Tage

Es gibt andere Tage, an denen sich, trotz allem, was du dir zu Zeitersparnis und Vorausplanung angewöhnt hast, etwas in dir entspannt oder du einfach müde bist. Es macht dir nichts aus, dass das Haus unordentlich ist. Es macht dir nichts aus, nichts anderes zu tun als auf das Baby zu schauen. Es macht dir nichts aus, dass die Zeit vergeht, während du in der Hängematte liegst und eine Zeitschrift liest.

Weshalb er lächelt

Er blickt mit ernsthaftem Interesse zum Fenster hin. Er schaut ein Bild an und lächelt. Es ist schwer zu entscheiden, was das Lächeln bedeutet. Gefällt ihm das Bild? Findet er das Bild lustig? Nein, schon bald begreifst du, dass er das Bild aus dem gleichen Grund anlächelt, aus dem er dich anlächelt: Weil das Bild ihn ansieht.

Ein Balance-Problem

Ein Balance-Problem: Wenn er gähnt, fällt er nach hinten um.

Vorankommen

Du machst dir ernste Gedanken über dein Vorankommen oder über den Unterschied zwischen Vorankommen und Auf-der-Stelle-Treten. Du fängst an, dir bewusst zu werden, was an einem Tag immer wieder getan werden muss und was nur einmal am Tag getan werden muss und was alle paar Tage getan werden muss und so weiter, und all das macht nur, dass du eher auf der Stelle trittst, als dass du vorankommst, oder, mehr noch, dass es dich davor bewahrt, zurückzufallen, während bestimmte andere Sachen nur einmal erledigt werden. Ein Job zum Geldverdienen wird nur einmal erledigt, ein Brief wird geschrieben, in dem etwas ein für alle Mal gesagt wird, ein Ereignis wird geplant, das nur einmal stattfinden wird, eine Neuigkeit erfährst du nur einmal oder gibst sie nur einmal weiter, und wenn auf diese Weise etwas passiert, was nur einmal passieren wird, dann ist dieser Tag anders als andere Tage, und an diesem Tag scheint dein Leben vorwärtszukommen, und es ist leichter, still zu sitzen und das Baby zu halten und die Wand anzustarren, im Wissen, dass, zumindest an diesem Tag, dein Leben vorwärtsgekommen ist; es hat eine Veränderung stattgefunden, wie klein auch immer.

Etwas Kleines, zusammen mit etwas anderem, noch Kleinerem

In seinem Kinderwagen schlafend, wird er von einer Fliege aufgeweckt.

Geduld

Du versuchst zu verstehen, warum du an manchen Tagen keine Geduld hast, während an anderen deine Geduld grenzenlos ist und du dich lange über ihn beugst, während er auf dem Rücken liegt und mit seinen Armen in der Luft herumrudert, mit seinen Beinen schlägt oder zu dem Bild an der Wand aufschaut. Warum sie an manchen Tagen grenzenlos ist und du an anderen Tagen, zu anderen Zeiten, wenn es spät ist und du durchaus geduldig warst, sein Schreien nicht ertragen kannst und ihm androhen möchtest, ihn ins Bett zu stecken, wo er allein weiterschreien kann, wenn er nicht in deinen Armen aufhört zu schreien, und ihn dann tatsächlich ins Bett steckst, damit er alleine weiterschreit.

Ungeduld

Du lernst etwas über Geduld. Du entdeckst Geduld. Oder du entdeckst, wie sich Geduld bis zu einem bestimmten Punkt verlängern lässt und dann zu Ende ist und Ungeduld beginnt. Oder, eher: Ungeduld war die ganze Zeit da, unterhalb einer Art leichter Oberflächengeduld, und zu einem bestimmten Punkt nutzt sich diese leichte Art von Geduld ab, und was übrig bleibt, ist die Ungeduld. Dann wächst die Ungeduld.

Paradox

Du fängst an, »paradox« zu verstehen: Du liegst auf dem Bett neben ihm, du betrachtest mit tiefgehendem Interesse sein Gesicht und hältst seine Hände, und doch bist du gleichzeitig zutiefst gelangweilt und würdest dir wünschen, anderswo zu sein und anderes zu tun.

Regression

Obwohl er in einem so frühen Stadium seiner Entwicklung ist, regrediert er, wenn er hungrig ist oder müde, in ein noch früheres Stadium – von Nichtkommunizieren, Selbstversunkenheit und spastischer Bewegung.

Zwischen Mensch und Tier

Wie er irgendwo zwischen Mensch und Tier ist. Wenn er nicht gut sieht, wenn er blind ins hellste Licht schaut und dich nicht sehen kann oder deine Gesichtszüge nicht erkennen kann, sondern, klarer, den Umriss deines Gesichts, den Umriss deines Kopfes; und wenn seine Bewegungen chaotischer sind, und wenn er den Bedürfnissen seines Körpers mehr ausgeliefert ist und nicht abgelenkt werden kann – durch intellektuelle Neugier – von seinem Hunger, seiner Einsamkeit oder Erschöpfung, dann kommt er dir eher wie ein Tier vor als wie ein Mensch.

Wie Teile von ihm nicht miteinander verbunden sind

Er weiß nicht, was seine Hand tut: sie umklammert die Eisenstange deines Stuhls und hält sie fest. Und während er woandershin schaut, umklammert sie den schmalen schwarzen Fuß eines sonderbaren Frosches.

Bewunderung

Er ist so von Mut, Gutartigkeit, Neugierde und Eigenverantwortlichkeit erfüllt, dass du ihn deswegen bewunderst. Dann aber wird dir bewusst, dass er mit diesen Eigenschaften bereits auf die Welt gekommen ist: Was tust du nun mit deiner Bewunderung?

Verantwortung

Wie er, bis zu den Grenzen seiner Möglichkeiten, verantwortlich ist – für seinen Körper, für seine eigene Sicherheit. Er hält den Atem an, wenn ein Tuch sein Gesicht bedeckt. Er weitet seine Augen in der Dunkelheit. Wenn er sein Gleichgewicht verliert, klammert sich seine Hand an alles, was ihr unterkommt, und er krallt sich am Stoff deiner Bluse fest.

Innerhalb seiner Grenzen

Wie neugierig er ist, bis zu den Grenzen seiner Erkenntnis; wie er sich bis zu den Grenzen seines Bewegungsvermögens dem zu nähern versucht, was seine Neugierde erregt; wie er zuversichtlich ist – bis zu den Grenzen seiner Wissbegier; wie er meisterhaft ist bis an die Grenzen seiner Möglichkeiten; wie er bis an die Grenzen seiner Aufnahmefähigkeit Befriedigung aus einem anderen Gesicht vor ihm zieht; wie er bis an die Grenzen seiner Kräfte seine Bedürfnisse geltend macht.

Bleiben wir

Bleiben wir noch wach
solange die Musik so schön spielt
Bleiben wir noch wach
solange der Morgen nicht graut
Solange wir mit der Nacht Schritt halten können
im Dunkel mit dem wir uns verbrüdern möchten
Bleiben wir noch wach
solange die Klänge die Zeit verlieren
Bleiben wir noch wach
Bleiben wir wach

Das erste Jahr

Jetzt warte ich auf die Geburt meines vierten Kindes. Ich stehe im Wald. Wieder. Wieder stehe ich im Wald und warte.

Auf ein Kind. Auf einen Satz. Ich stehe da. Langsam wird es hell.

–

Abends liegen wir mit unseren Büchern im Bett. Es gibt kaum körperliche Nähe zwischen uns. Wir halten den Raum zwischen uns frei, bereiten uns darauf vor, ein Baby in unsere Mitte zu nehmen.

–

Und dann ist Pietje da.

Felix kocht Hühnersuppe, betreut Anni und Lisa beim Homeschooling, wäscht Wäsche, räumt auf, beschäftigt Nils.

Ich liege mit meinem vierten Baby im Bett. Es ist gesund. Es ist zu Hause geboren. In der Nacht, als die anderen Kinder schliefen.

Ich denke voller Zuneigung an meine Hebamme, die sofort kommt, als ich sie anrufe. Die sagt, du musst keine Angst haben. Du machst das großartig. Sie sitzt auf einem Stuhl in der Küche und strickt und erzählt aus ihrer Kindheit in Pakistan. Wenn eine Wehe kommt, hält sie inne,

Wehe bedeutet Konzentration, wenn sie vorbei ist, beendet sie ihren Satz. Es duftet nach frisch gebackenem Brot. Felix macht Feuer im Ofen und ist da.

–

Zwei Wochen ist Pietje alt und bestimmt jede meiner Nichthandlungen. Ich will Kartoffeln schälen und werde durch sein Weinen unterbrochen. Ich stille ihn und lege ihn in den Stubenwagen und schäle weiter und er weint und ich gehe zu ihm und gebe ihm den Schnuller und gehe zurück zu den Kartoffeln und er weint und ich gehe zu ihm und nehme ihn in die Bauchtrage und wippe in den Knien und schäle die Kartoffeln.

Ich lese von Umweltkatastrophen, einem politischen Rechtsruck und gewalttätigen Unruhen, sozialer Ungerechtigkeit und Krieg und ich sehe meine Kinder an. Ich sehe sie an und denke: Wie konnte ich nur; wie konnte ich mich nur so angreifbar machen?

Ich schneide Obst für Nils und seinen Freund, ich streiche Anni über den Rücken und bringe Lisa einen Tee.

Eine Freundin ist in der Stadt und schickt ein Foto vom Kino. Weißt du noch, damals, als wir da regelmäßig waren? Damals, als Kinos noch geöffnet hatten?

–

Ich bin müde und komme zu nichts, vor allem nicht zu mir.

Alles ist zerbrechlich und porös und im Schwinden begriffen. Mein Leben wird bestimmt durch Zuwendungen, die nicht ausreichen. Ich bringe Nils ins Bett und lese ihm vor, und dann ist er traurig, weil ich wieder aufstehe. Ich stille Pietje und er schläft und ich will ihn neben mich legen und er beginnt zu weinen. Ich frage Lisa nach den Erfahrungen des geflüchteten Jungen aus Afghanistan, der in ihrer Schullektüre vorkommt, und sie will erzählen und das Telefon klingelt und ich muss rangehen und jemand will etwas und als ich auflege, ist sie in ihr Zimmer gegangen. Ich kämme Anni die Haare und binde ihr einen Zopf und sie sagt, dass sie eigentlich zwei Zöpfe wollte, und dann wünscht sie sich, dass ich ihr eine Wärmflasche ans Bett bringe. Ich setze den Sauerteig an und als ich das nächste Mal an ihn denke, ist er in sich zusammengefallen. Ich wasche eine Ladung Wäsche und schaffe es nicht, sie in den Trockner zu räumen. Ich mache ein Bett und dann klingelt es an der Tür und abends, als ich mich hinlegen will, stelle ich fest, dass ich mein eigenes Bett nicht gemacht habe.

Dass alles vergeht und ich nicht hinterherkomme, kann ich schwer ertragen. Ich will meine Kinder festhalten und da sein und ich will mich zurückziehen und hier sein und merke, dass ich in Widersprüchen gefangen bin, die mich an meiner Glaubwürdigkeit zweifeln lassen. Welcher Erzählung von mir gebe ich nach?

—

Das vierte Kind stellt, wie das erste, das zweite und das dritte Kind, die gesamte Ordnung und die Struktur meiner Familie und meines Ich-Seins infrage. Manchmal sagen andere Mütter, ach, das vierte Kind, das läuft doch so mit.

Mehrmals am Tag weint Pietje herzzerreißend. Er mag nicht gewickelt werden, obwohl ich die Wärmelampe aufdrehe. Er will immer sofort trinken, kann keine Minute warten. Wenn dieses nicht einmal drei Wochen alte Baby Bauchweh hat oder etwas wund ist, denke ich, alles zerbricht. Wenn ich mit Pietje die Treppe hoch- und runtergehe, fürchte ich zu fallen. Jedes Mal.

–

Ich gehe um acht mit Pietje und Nils ins Bett. Die Mädchen gucken »Gilmore Girls« und Felix macht den Großeinkauf im Supermarkt.

Ich denke daran, was Felix und ich nicht schaffen: Sport, am Abend Freunde treffen, Zeit als Paar verbringen.

Ich lese Bücher beim Stillen. Er guckt Serien, wenn ich bereits schlafe. Unsere Begegnungen finden in Zwischenräumen statt, im Flur, auf dem Weg in die Küche, nach draußen. Eine Vergewisserung im Vorbeigehen; es gibt uns noch. Gibt es uns noch?

–

Ich lese einen Artikel über Helga Schubert. Sie hat mit achtzig Jahren in Klagenfurt gewonnen. Ich notiere einen Satz aus »Vom Aufstehen«:

»Als Schriftstellerin braucht man etwa fünfzehn Jahre Distanz, ehe man von einem wichtigen Ereignis literarisch erzählen kann.«

Ist Mutterschaft ein Ereignis?

Mir brennen die Augen, schmerzen die Schultern. Draußen ist es grau. Der Frühling zeigt sich kaum. Der Lockdown soll über Ostern verlängert werden.

–

Ich denke, dass Pietje ein Baby ist, das Glück hat. Er ist nie allein, hat es immer warm, bekommt Nahrung und Liebe und Resonanz.

Alle meine Kinder hatten eine behütete Babyzeit.

Immerhin.

Das Mindeste, was ich für sie tun kann. Alles, was ich geben kann. Und dann?

—

Pietje schläft und liegt quer über meinem Oberkörper hingestreckt. Ich tippe über ihn hinweg. Er ist anschmiegsam in seiner weichen Babywärme und ich weiß, dass es nur noch wenige Monate so sein wird. Binnen eines Jahres wird aus diesem Baby ein Kleinkind und gerade dieses Baby, in dem ich meine vorherigen Babys wiedererkenne, wird mein letztes Baby sein.

Manchmal denke ich, dass ich es schaffen kann.

Ich lese. Ich lese Bücher von Schriftstellerinnen und denke, dass es möglich ist. Es ist möglich, die eigene Stimme zu finden und ihr zu folgen. Es muss möglich sein.

Es ist schwer, sitzen zu bleiben, ruhig zu sein, weiterzudenken. Viel schwerer als aufzustehen, im Gespräch zu sein, Menschen zu treffen. Dieses Baby zwingt mich dazu, still zu sitzen, damit es schlafen kann. Dieser Lockdown zwingt mich dazu, zu Hause zu bleiben.

—

Ich habe Anni einen Text über einen Tintenfisch diktiert. Pietje schläft in der Küche. Nils findet, ich könnte ihm ein Buch vorlesen. Felix telefoniert nebenan. Lisa hat Online-Unterricht.

Das Leben ist pausenlos. Mutterschaft ist pausenlos.

Mein Leben ist angefüllt mit Alltag und leer an Reflexionsmöglichkeiten. Ich bin glücklich, ich möchte aus der Haut fahren. Ich möchte mich weglegen, nur für ein, zwei Stunden.

—

Seit ich Mutter bin, hat mein Leben einen Sinn. Nicht zu verwechseln mit: Das Leben ist sinnvoll. Es ist meine Aufgabe, für meine Kinder da zu sein. Je größer die Kinder werden, desto wichtiger ist es, ihnen den Rahmen zu geben, aus dem sie sich, Stück für Stück, rausbewegen. Sie gehen und ich bleibe. Dieses Gehen meiner Kinder erstreckt sich noch über die kommenden achtzehn Jahre. Achtzehn Jahre werde ich damit beschäftigt sein, meine vier Kinder gehen zu lassen. In achtzehn Jahren wird mein jüngstes Kind volljährig sein und mein ältestes Kind einunddreißig. Ich selbst bin in achtzehn Jahren zweiundfünfzig Jahre alt. Was rechne ich aus?

–

Pietje kann nach Dingen greifen. Er liebt es, angesprochen zu werden, und lächelt freundlich. Er macht quietschende Geräusche, wenn er sich freut und brummt tiefer, wenn er ernsthaft erzählt. Er schläft noch immer am liebsten an der Brust ein, und ich glaube, dass er nicht einsieht, warum er nicht vierundzwanzig Stunden da liegen soll. Er äußert seine Bedürfnisse mit einer beneidenswerten Selbstverständlichkeit. Wir sind so viele, damit wir uns gut um ihn kümmern können. Er ist weich und seidig wie ein Maulwurf, und Nils beißt noch immer vor lauter Zärtlichkeit die Zähne zusammen, wenn er ihn streichelt.

Ich möchte über Mutterschaft schreiben. Ich zweifele an der Form. Woher soll ich wissen, dass etwas, was ich konstruiere und mir ausdenke, wahrhaftiger ist als dieses sprunghafte Notieren? Schöner?

–

Ich sehne mich nach einer Vitrine, wie Lena Gorelik sie in ihrem Roman »Wer wir sind« beschreibt, um die Dinge, die mir wertvoll sind, auszustellen. Nils selbst gebasteltes Maivögelchen, Pietjes hässlicher Schnuller, die Zettel, die Lisa mir auf den Küchentisch legt: »Wir sind im Garten. Kuchen ist im Ofen«, Annis Schlafmaske.

Was tue ich von Felix in die Vitrine, was von mir?

Ich werde vergessen, wie es ist, an einem Samstagmorgen im Bett zu liegen, mit Pietje, der gluckst und kurz darauf auch mit Nils, der sofort aufwacht, wenn er Pietje hört. Nils drückt Pietje und ist voller Liebe und Zärtlichkeit und sagt, Pietje gehört mir. Ich bin sein bester großer Bruder und er ist mein bester kleiner Bruder. Er sagt, ich kann gar nicht glauben, dass du Pietje bekommen hast, Mama.

Nils liest uns den »Dicken fetten Pfannkuchen« vor und die Überzeugung, wirklich zu lesen, und der Stolz in der Stimme sind rührend. Wir freuen uns über das »kantapper, kantapper«, ich, weil ich es höre, er, weil er es spricht.

Ich werde vergessen, wie es ist, an einem Samstagmorgen im Bett zu liegen, mit meinen kleinen Söhnen und darauf zu warten, dass Felix mir Kaffee ans Bett bringt und Brötchen backt, und ich denke, die Ponys müssen auf die Weide, die Hühner brauchen Futter, und ich liege da, mit den Jungen und sie sind weich und strahlend und ich denke, dass ich gerne schlafen würde oder lesen und später, an einem Samstagmorgen, wenn ich lesen oder schlafen kann, werde ich vielleicht daliegen und hoffen, dass mich eines meiner Kinder anruft und vielleicht werde ich diese kleinen weichen Jungen in meinem Bett vermissen und nicht einverstanden sein mit dieser Leere, und ich werde damit leben müssen, dass diese Jungen, die einmal klein waren und wie für mich gemacht, sich nicht um das kümmern werden, was sie zurücklassen.

—

Ich stille und ich tippe.

Ich suche nach einem Bild, das mein Verständnis von Mutterschaft abbildet.

Ich denke an das Selbstporträt einer Fotografin. Ich habe dieses Bild vor Jahren gesehen. Die Fotografin zeigt sich selbst mit nur einem geschminkten Auge.

Ich sehe Milchflecken auf einem rosafarbenen Shirt, ungewaschene Haare, einzelne Windeln in Handtaschen, Reiswaffeln und Feuchttücher, Spucktücher, fusselige Schnuller.

Ich will gepflegt aussehen, wach und strahlend: Ich sehne mich nach Maniküre, Pediküre und einer Frisur. Nach schwarzen Kleidern, hochgeschlossen.

—

Ich gehe für eine kleine Weile in den Gemüsegarten. Zupfe Unkraut. Setze Maiskörner. Säe Mangold.

Wir wohnen fast neun Jahre hier und es wird schöner und es dauert. Ich denke an die Kirschen, die ich ernten könnte, von der Hand in den Mund, wenn ich vorgesorgt hätte. Ich denke an ein Später, ohne dieses Später in meinem Tun zu berücksichtigen. Ich habe, als wir in dieses alte Bauernhaus im Nirgendwo zogen, Bücher über Obst- und Gemüseanbau gelesen. Ich habe dagesessen, habe weitergeblättert, aus dem Fenster gesehen. Was ich nicht getan habe: Ich bin nicht losgegangen und habe Kirschbäume gekauft. Ich denke, mein Ich offenbart sich in meinen Nichthandlungen. Ich denke, es braucht ein Leben, um anzukommen.

Ich fahre mit Anni zur Sandkuhle. Dort wird nicht mehr gearbeitet und eigentlich ist es verboten, hier schwimmen zu gehen. Wir schlüpfen durch eine offene Stelle im Zaun. Und dann schwimmen Anni und ich und das Gefühl, viele Male wiederkommen zu können, ist ein gutes.

—

Als ich von meinem Buch aufblicke und Felix daliegt, ohne Telefon in der Hand, sage ich, ich fühle mich nun vollständig erwachsen.

Wir liegen auf einer Matratze in meinem Arbeitszimmer, während unser Baby nebenan schläft, in unserem Bett. Wir sehen einander an. Finden uns wieder.

—

Ich warte als Mutter auf den nächsten Entwicklungsschritt meiner Kinder. Dieses Warten darf nicht raumfüllend sein. Ich habe mein Baby auf dem Schoß. Es ist gerade aufgewacht. Die Haare am Hinterkopf kringeln sich zu Löckchen. Es duftet auf diese unverwechselbare Art nach Baby. Ein Baby zu bekommen ist vielleicht nicht sinnvoll, aber die Erfahrung, ein Baby auf dem Schoß zu halten, ist wesentlich.

—

Ich fahre mit allen Kindern ein letztes Mal ins Freibad und kaufe ihnen Pommes und sehe ihnen beim Schwimmen zu, während ich mit Pietje in der Bauchtrage am Beckenrand entlanggehe. Abends gehe ich zum Elternabend in den Kindergarten. Als die neuen Eltern anfangen, Fragen zur

Eingewöhnung zu stellen, gebe ich vor, stillen zu müssen, und fahre nach Hause.

–

Pietje ist aufgewacht, er murmelt und redet und weint nicht, und weil Sonntag ist, höre ich, wie unten die Wohnzimmertür aufgeht und Felix die Treppe hochkommt, immer zwei Stufen auf einmal nehmend. Er kann es nicht erwarten, das warme, strahlende, duftende Baby an sich zu drücken und hochzunehmen und für einen Moment bin ich nicht zuständig, aber alles, was ich habe, und alles, was ich brauche, ist da.

Ich bin viele geworden. Es fühlt sich an, als wären wir auf einmal zu sechst. Dabei ist ein Kind nach dem anderen gekommen. Innerhalb von dreizehn Jahren vier Kinder zu bekommen, ist keine große Sache, nichts Besonderes und doch ist es das Größte, das größte Wunder.

–

Ich lese einen Artikel, einen Satz, ein Buch.

Ich dehne meine Muskeln und spüre, dass das mein Körper ist, der langsam wieder zu sich kommt. Ich denke über die Worte Belastung und Entlastung nach.

Wir ernten Zwetschgen von unseren Bäumen und backen einen Kuchen. Im Februar konnte ich nicht glauben, dass die Bäume noch einmal Früchte tragen würden. Sie sahen verkrüppelt und alt aus. Mitgenommen. Ich dachte darüber nach, was man mit altersschwachen Obstbäumen tun muss. Dann kamen die Blüten, nicht an allen Ästen, aber doch: der Baum blühte. Die ersten Zwetschgen sahen prall und frisch aus und wenn man die unreifen Früchte erntete, gab es nicht eine ohne Maden. Jetzt, da sie weniger prall aussehen, sind sie genau richtig. Sie schmecken köstlich, und die Zwetschgen mit Maden lassen sich an zwei Händen abzählen. Was ist den Maden geschehen? Sind sie, als sie satt waren, aus den Früchten verschwunden?

—

Manchmal sehe ich meine Kinder an und denke, kommt mir nicht zu nahe, sonst werdet ihr so wie ich. Manchmal denke ich, kommt näher, haltet mich fest.

Noch ist das Gras grün, aber es fliegen wieder Gänseschwärme über das Haus. Die Leute stellen Kürbisse vor die Tür, und ich habe die erste Suppe gegessen.

Pietje ist bald neun Monate alt. Seit Januar steht die Zeit still, seit Januar geht alles noch schneller. Ich denke an den Januar von Erich Kästner:

»Das Jahr ist klein und liegt noch in der Wiege. / Und stirbt in einem Jahr. Und das ist bald.«

Es passiert nichts und fordert alles. Das Baby wächst und ich begleite dieses Wachsen, das doch von allein passiert. Ich bringe den Müll raus und kann dies tun, weil Anni Pietje nimmt. Ich schmeiße eine Wäsche in die Waschmaschine, während Pietje vor der Badewanne sitzt und schimpft, weil ich ihn alleingelassen habe. Ich dusche, während er auf einem Handtuch liegt. Ich fahre Auto und hoffe, dass er den Schnuller nicht verliert. Ich schäle Kartoffeln und er sitzt im Hochstuhl neben mir und ich reiche ihm an, was er runterschmeißt. Ich gucke einen Film und renne dreimal nach oben, weil er wach ist. Ich gucke den Mädchen beim Reiten zu und balanciere ein hüpfendes Baby auf meinen Beinen. Ich sauge Staub und räume auf und schüttele Betten aus und nehme ihn mit, von Raum zu Raum.

Ich hätte viel mehr Zeit für mich, wenn ich keine Kinder hätte. Seit ich Kinder habe, weiß ich, wofür ich freie Zeit haben möchte. Ich lese, dass Musiker und Schauspieler, die es mit Ende zwanzig nicht geschafft haben, es niemals schaffen. Ich werde diesen Herbst fünfunddreißig. Ich sehe jeden Tag mein Älterwerden. Bald werde ich gestorben sein.

Werde ich geschrieben haben?

–

Oft wird Mutterschaft als Aufopferung beschrieben. Ich habe mich nie aufgeopfert, aber ich habe die Mutterschaft als warmes Versteck zu nutzen gewusst. Bascha Mika nennt das »desertieren in die Komfortzone«. Bei diesen Worten habe ich sofort gewusst, was sie meint. Meine Mutterschaft hat mich von meinem Leistungsdruck befreit. Für eine Weile. Zu sagen, dass ich Bücher schreiben möchte, hätte ich mich nie getraut. Wie kommt es, dass ich mir die Mutterschaft zugetraut habe?

Ich sehe meine Kinder an und ich entschuldige mich bei ihnen und ich koche Suppe und bereite Brotdosen und schneide Fingernägel und ermögliche Musik und Sport und Literatur und Gemeinschaft. Das alles macht eine Mutter, und wir alle wissen, dass es viel ist und dass es niemals reicht, niemals genug ist.

–

Ich denke an meine Töchter, die noch immer fast alles zusammen machen. Lisa liegt in der Badewanne, während Anni davorsitzt und Wäsche sortiert. Dabei hören sie eine Geschichte und trinken Tee. Nils spielt fast jeden Nachmittag mit Ben. Sie können stundenlang in der Sandkiste sitzen, Fußball spielen, Hütten bauen.

Wie wird das mit Pietje sein? Wem wird er sich zugehörig fühlen? Seit gestern robbt er. Sein Ziel ist die Eisenbahn, die Nils aufgebaut hat. Mit großer Anstrengung erreicht er sie und baut alles auseinander. Zu sehen, dass er etwas anderes möchte, als bei mir zu sein, erleichtert mich.

—

Ich gehe, als alle Schul- und Kindergartenkinder aus dem Haus sind, mit Pietje eine Runde durch den Garten. Es ist mild und nass, und wir besuchen die Hühner, gucken uns Spinnenweben und Blumen an und ich sehe das Gemüsebeet, vollständig zugewachsen und überall Nacktschnecken und frage mich, wann ich so erwachsen sein werde, dass mir Kontinuität in der Gartenarbeit gelingt. Es ist nicht viel Arbeit, wenn man sie regelmäßig macht. Ich werde Schwierigkeiten haben, die Kartoffeln zu ernten, weil so viel Unkraut und Gras das Beet überwuchern. Im Frühling habe ich eine romantische Vorstellung von selbst geerntetem Mais und Kartoffeln im Feuer und im Herbst muss ich einsehen, dass es nicht funktioniert hat.

Die Sonne ist noch einmal stark, ein letztes Aufbäumen, bevor es kalt wird. Überall schwirren Mücken, und Fliegen schlagen gegen die Scheiben, und Spinnen flüchten sich in Erwartung baldiger Kälte ins Innere und spinnen ihre Netze. Das Licht ist wunderschön.

Bald ist es wieder zeitig dunkel. Wir kramen die Laternen hervor, im Kindergarten wird das letzte Mal eine neue für Nils gebastelt werden. Pietje wird beweglicher. Ich hoffe, einmal dazu zu kommen, Zimtwecken zu backen. Ich möchte ein Bild im Flur über dem Klavier aufhängen.

Ich möchte Pietje ein Zimmer gestalten. Ich möchte diesen Text zu einem Ende bringen.

–

Vor der Schule habe ich Anni Zöpfe geflochten. Sie sagte, wünsch mir Glück, ich schreibe in der ersten Stunde den Französisch-Test. Dann ging sie raus und fütterte die Hühner, so wie sie es jeden Morgen tut. Lisa ist mit ihrer Klasse im Theater und bekommt eine Führung hinter den Kulissen. Das T-Shirt, das sie trägt, ist an den Ärmeln zu kurz geworden.

–

Ich bin der Ausgangspunkt dieser Überlegungen, ich, die ich Kartoffeln schäle und Windeln wechsele und Essen koche und Trinkflaschen fülle und Wäsche wasche und Toiletten putze und Bücher lese und aus dem Fenster sehe und spazieren gehe und mich hierhersetze und schreibe.

Ich werde in meinen Überlegungen unterbrochen. Ich muss jeden Tag neu ansetzen. Ich muss jeden Tag aufs Neue beginnen. Ich wiederhole mich und ich jammere und ich bin müde. Ich stelle alles infrage und lasse alles stehen und liegen, wenn eines meiner Kinder mich braucht.

Noch, da sie klein sind, gehen die Kinder und ihre Bedürfnisse vor. Sie haben sich nicht ausgesucht, geboren zu werden. Das habe ich getan. Ich habe mir ausgesucht, Mutter zu werden. Ich konnte nicht wissen, dass diese Kinder das Beste werden würden, was mir im Leben passiert ist. Aber ich bin fünfunddreißig und es ist noch nicht vorbei.

Sie wachsen und werden größer und gehen eigene Wege und ich werde sie lassen. Müssen.

–

Jeden Tag einmal staune ich, staune ich aufrichtig und unschuldig: Wie konnte das passieren, dass ich Mutter von vier Kindern bin?

Vielleicht will ich die Geschichte einer Mutter erzählen, die den Impuls hat, wegzurennen, die jeden Tag daran denkt, wie es wäre, Zigaretten kaufen zu gehen und nicht wieder zurückzukehren, und die es nicht tut. Die bleibt, immer wieder, jeden Tag. Dieses Bleiben ist eine Handlung, die jeden Tag aufs Neue vollzogen wird. Ich flechte meiner Tochter die Haare und ich bleibe und ich singe meinen Sohn in den Schlaf und ich bleibe und ich koche und ich wasche und ich putze und ich bleibe.

—

Pietje krabbelt und zieht sich hoch und aus dem Baby formt sich das Kind. Die Nächte übernimmt Felix, und ich habe das Gefühl, zehn Monate Schlaf nachholen zu müssen. Ich bin so müde, so unfassbar müde. Der November ist in den Dezember übergegangen. Das erste Jahr ist beinahe zu Ende.

—

Ich packe eine Thermoskanne mit Punsch ein und die Zimtschnecken vom Vortag, stecke Pietje in den Schneeanzug und zwei Mützen und fahre mit meinen vier Kindern in den Wald, um dort im Sonnenschein am Fluss entlangzuspazieren. Es ist der kälteste Tag in diesem Winter und das Licht ist von großer Klarheit. Pietje wippt mit dem Kopf, wann immer ein Lied kommt und alle Kinder gucken ihn verzückt an und freuen sich über sein Wohlbehagen. Ich fahre mit meinen Kindern über die Landstraße und denke, dass das, was jetzt noch kommt, obendrauf ist. Geschenkt. Extra. Ich habe einen Raum, auf den ich zurückgreifen kann.

–

Ich blicke auf. Die Sonne ist einem Schneeregen gewichen.

Im nächsten Jahr werde ich so lange erwachsen sein, wie ich ein Kind gewesen bin. Achtzehn plus achtzehn. Ich sehe, dass es schnell vorbeigeht. Was wird es dann gewesen sein? Die nächsten achtzehn Jahre möchte ich behutsam führen. Dann werde ich vierundfünfzig sein. Und dann zweiundsiebzig. Ich möchte behutsam sein. Das schreibe ich und meine damit nicht, auf der Hut sein. Ich bin ein vorsichtiger Mensch. Ängstlich. Doch in meiner Vorsicht soll sich der Blick öffnen. Ich will weitersehen. Da ist nicht nur meine Geschichte. Da sind so viele Geschichten. Unzählige. Und ich kann sie sehen. Erkennen auch? Erzählen?

EVE HARRIS
Die Hoffnung der Chani Kaufman

Chani. Baruch.
November 2009 – London

Erst hatte sie auf einen Mann gewartet, nun wartete sie auf ein Baby. Da saß sie, in diesem Foyer, umgeben von Fremden, die alle auf dasselbe hofften. Auf das Zusammentreffen von Sperma und Ei, auf einen winzigen Haufen Zellen, der sich zur richtigen Zeit am richtigen Ort einnistete. Das Wunder der menschlichen Fortpflanzung war Chani und Baruch versagt geblieben. Etwas war schiefgegangen. Bei ihnen war das Mysterium des Lebens ins Straucheln geraten.

Also wartete sie, ein gutes jiddisches Mädchen, dass ihr guter jiddischer Ehemann von seinen Bemühungen zurückkehrte. War es sein Fehler oder ihrer? Wessen Körper wohl schuld war? Tief im Inneren wusste sie, dass es ihrer war. Sie musste so abscheulich gesündigt haben, dass *HaSchem* sie unfruchtbar gemacht hatte. Unfruchtbar – was für ein hässliches Wort. Es hallte wie das Echo eines Albtraums in ihrem Kopf wider. Sie hörte es ununterbrochen – ein leises, entschiedenes Flüstern, das all ihren Hoffnungen, all ihren Träumen ein Ende setzte.

HaSchem wollte nicht, dass Baruch und sie hingingen

und sich vermehrten. War es wegen irgendeines spirituellen Irrtums, der ihr unterlaufen war? Sie hatte doch auf die richtige Anzahl von Tagen geachtet, bis sie in die *Mikwe* ging. Baruch und sie hatten doch immer auf die Reinheit der Familie gehalten.

Eine solche Angst hatte sie noch nie gespürt. Ein unverheiratetes Mädchen war wie ein ruderloses Schiff oder ein Topf ohne Deckel, doch eine unfruchtbare Frau war schlimmer. Ihr Mann konnte sie verstoßen. Er konnte sich neuen Weidegrund suchen, während sie hier verrotten würde, allein, abgehängt, ein verdorbener Apfel ganz unten in der Kiste.

Aber das würde ihr Baruch nicht antun. Schließlich sagte er ihr jeden Tag, dass er sie liebte. Doch um ihre Angst zu lindern, reichte das nicht. Sie konnte weder schlafen oder essen, und das nun schon seit Monaten.

Noch schlimmer war es geworden, als sie sich nach acht fruchtlosen Monaten an Baruchs Eltern gewandt und um Hilfe gebeten hatten. Wie sehr sie es gehasst hatte, doch es war der einzige Weg, der ihnen noch blieb. Ihre eigenen Eltern hatten kein Geld. Chani fröstelte bei dem Gedanken an Mrs Levy, ihre säuselnde Stimme, die den Triumph in ihren harten, hellen Augen nicht verbergen konnte.

Der Fernsehbildschirm im Warteraum war defekt. Das Gesicht des Nachrichtensprechers zitterte und wurde von gezacktem statischem Rauschen durchzogen. Die anderen Paare rund um Chani hockten eng beieinander. Niemand sprach oder suchte Blickkontakt. Jede Frau war in ihre eigene Welt aus Angst und Hoffnung versunken, und die Verzweiflung legte sich wie eine Glückshaube um ihre

Schultern. Die Männer wiederum beschäftigten sich mit ihren Handys oder lasen die Zeitung, heuchelten Normalität, um das endlose Warten zu überstehen.

Chani wusste, sie sollte nicht hinsehen, aber die bunte Mischung unterschiedlicher Kleidung und Kulturen um sie herum bot wenigstens Abwechslung. Ihre Augen glitten unwillkürlich zu der attraktiven Muslima hinüber, die rechts von ihr saß. Sie bewunderte den eleganten Schwung ihres schwarzen Hijabs. Er erinnerte sie an die Hauben mittelalterlicher Nonnen, die den Hals und das Schlüsselbein verbargen. Ihre Fingernägel hatten die Form winziger, scharlachroter Särge und passten farblich zu ihrem Lippenstift. Die Frau hatte etwas Glamouröses, das es bei *Charedi*-Frauen nicht gab. Im Vergleich dazu fühlte Chani sich grau und schäbig. Der Ehemann dagegen war plump und in seiner Rundlichkeit beinahe feminin. Er trug eine Baseballkappe, eine Brille, und an seinem Hemd fehlte ein Knopf. Durch den Schlitz guckte ein Stück braune Haut hervor. Chani wandte den Blick ab. Der Mann bekam davon nichts mit, sondern ließ sich vom Schein seines Handybildschirms in Bann ziehen.

Plötzlich kam ein älterer Herr aus dem Nichts durch die gläsernen Schiebetüren und ging mit unsicherem Schritt zur Rezeption.

»Kann ich Ihnen helfen, Sir?«

»Ich bin hier wegen meiner Zähne. Ich habe heute einen Termin bei Dr. Pradesh, um, lassen Sie mal sehen –«, er tastete die Taschen seines Tweedsakkos ab, und nachdem er fündig geworden war, wedelte er mit einem Stück Papier vor der Nase der Krankenschwester herum.

»Sehen Sie hier. Da steht es. Vierzehn Uhr, in der East-man Dental Clinic!«

Während er sprach, klapperte sein Gebiss im Takt seiner Worte, und jede Silbe fiel etwas klebrig aus seinem Mund. Für einen Moment hob sich die Stimmung im Warte-bereich. Die private Kinderwunschklinik befand sich im linken Flügel der weitläufigen Eastman Dental Clinic an der Gray's Inn Road.

Die Muslima schaute zu Chani herüber, und sie tausch-ten ein amüsiertes Lächeln.

»Es tut mir leid, Sir, aber Sie befinden sich im falschen Teil des Gebäudes. Kommen Sie, ich zeige Ihnen, wo Sie hingehen müssen.« Die Krankenschwester nahm den alten Mann sanft am Arm und führte ihn weg.

Das Zischen der sich schließenden Türen bedeutete auch die Rückkehr in den Trübsinn des Wartezimmers. Vergan-gen war der kurze Moment der gemeinsamen Heiterkeit. Chani war wieder allein mit ihren Ängsten.

Sie tastete in der Tasche nach ihrem winzigen *Siddur* und zog ihn heraus. Er klappte bei dem Gebet um ein Kind auf, wo ein Leseband die nur allzu vertraute Stelle markierte. Chani senkte den Kopf und sprach tonlos die hebräischen Worte. »*Vater unser, O gnädiger Vater! Erhöre unsere Gebete und beherzige unser Rufen, dass alle kinderlosen Frauen des Guten erinnert werden und mit Deiner Barm-herzigkeit – rasch, leicht und schnell – lebende, gedeihende Kinder gebären. Möge sich Dein Volk, Israel, vermehren wie der Sand des Meeres, der weder gemessen noch gezählt werden kann.*« In der Wiederholung und darin, *HaSchem* ihre Sorgen zu übergeben, lag ein Trost. Sollte Er sich darum kümmern. Oh, bitte, *HaSchem*, beeil dich, dachte Chani, denn jede Schwangerschaft, die um sie herum verkündet wurde, machte es nur noch schlimmer. Sie hatte das Gefühl, eine entsetzliche Versagerin zu sein, und sie wusste nicht, ob sie noch eine einzige Nachricht über das Mutterglück anderer Frauen ertragen konnte. Doch in ihrer Welt war das unausweichlich. Gebären war die Aufgabe einer Frau, und wo immer sie hinsah, war sie mit einem weiteren prallen stolzen Bauch konfrontiert. Die Schwangeren der *Kehillo* segelten an ihr vorbei, die Bäuche wie Bugspriete vor ihnen, sicher in dem Wissen, dass sie die unerlässliche *Mizwa* vollbrachten, weitere kleine jüdische Seelen in der Welt zu verbreiten. Genau wie *HaSchem* es bestimmt hatte.

Die Muslima beobachtete Chani vorsichtig, während sie betete. Reflexartig berührte sie ihren eigenen Bauch. Sie wusste noch nicht, dass sich unter den weichen, geheimnisvollen Falten ihrer schwarzen Abaya gerade eine winzige Zellkugel vervielfachte.

»Hannah Levy? Hannah?«, rief die Krankenschwester.

Chanis Kopf fuhr ruckartig auf wie bei einer Marionette.

»Ja, ich bin hier!« Sie küsste den *Siddur*, steckte ihn ein und stolperte über ihre Tasche auf die Füße.

An der Tür des Wartebereichs stand eine Krankenschwester, ein Klemmbrett in der Hand, das Haar straff zurückgebunden, das Gesicht von einem geschäftsmäßigen Lächeln erhellt – ein Hoffnungsfunke in Kobaltblau. Die anderen Frauen schauten Chani hinterher, wie sie vorbei an ihren Knien und Handtaschen ging.

»Hier entlang, Hannah. Dr. Duval erwartet Sie schon.«

Chani folgte der Krankenschwester durch die schweren Schwingtüren ins Innere des Krankenhauses.

***

Die Tür schloss sich, und Baruch war allein in dem grauen, fensterlosen Raum. Im Flur davor wartete Rabbi Pinsk. Er saß geduldig auf einem Plastikstuhl, der ihm eigens von der freundlichen Krankenschwester gebracht worden war. Rabbi Pinsk kannte die Übung. Er saß nur wenige Schritte von Baruchs Tür entfernt – nicht zu nah und nicht zu weit weg. Dort zog er seinen *Siddur* heraus und begann, sich vor und zurück zu wiegen. Er betete für Baruch und seine gesegnete Frau Chani. Rabbi Pinsk war sechsundzwanzig, hatte aber bereits drei Kinder gezeugt. Sein ernstes Gesicht war in der Wärme des Krankenhauses pink und feucht, und seine blonden Augenbrauen unter dem Fedora schwitzten leicht. Ein leichter goldener Flaum, fast durchsichtig auf seiner hellen Haut, gab ihm das zarte Aussehen der Jugend.

Die Schritte der Krankenschwester verhallten. Baruch war die Anwesenheit von Rabbi Pinsk mehr als bewusst. Aber der Mann tat nur seine Pflicht. Baruch hatte sein ganzes Leben in Räumen wie diesen verbracht. Ein Leben drinnen, mit recycelter Klimaanlagenluft im Sommer und ermüdender Heizung im Winter – temperaturregulierte, neonbeleuchtete Kästen. Aber hier gab es keine Bücher, keine Tora oder *Talmud*, die man wälzen konnte. Kein Krümel Staub. Innerhalb dieser vier Wände war er allein. Was, wenn man es genau bedachte, eine Erleichterung war.

Ein hellgelber Behälter für medizinischen Abfall hob sich leuchtend von der weißen, hygienischen Anonymität ab. Zu seiner Linken befand sich ein Waschbecken, zur Rechten ein grauer Plastikstuhl. Ein niedriges Regal, eine Taschentuchbox, ein Metallspender, in dem sich Latexhandschuhe der Größe »Mittel« befanden. Der Raum war behaglich, warm und roch beruhigend nach Wundbenzin. Baruch fühlte sich plötzlich erschöpft und ließ sich schwer auf den Stuhl sinken. Am liebsten hätte er ein kleines Nickerchen auf dem schmalen Krankenhausbett ihm gegenüber gemacht. Er schloss kurz die Augen, nahm den Fedora ab und lehnte seinen Kopf an die Wand hinter sich.

Ein Rumpeln und das Rattern eines Krankenhaustrolleys, der an der Tür vorbeigerollt wurde, holte ihn aus seinen Träumen. Er hatte etwas zu erledigen. Er zog die Plastiktüte mit dem Probenbecher aus seiner Anzugtasche und stand auf, um die gerahmte Hinweistafel zu lesen.

Waschen Sie Ihre Hände mit Wasser und Seife.
Benutzen Sie kein Gleitgel, Speichel oder irgendein anderes Produkt, das samentötende Mittel enthalten könnte.
Ejakulieren Sie direkt in den sterilen Samenbecher.
Versuchen Sie, den ersten Teil des Ejakulats aufzufangen, und versuchen Sie nicht, verschüttetes Sperma einzusammeln.
Verschließen Sie den Behälter, sobald Sie fertig sind.
Vergewissern Sie sich, dass Ihr Name, die Zeit und das Datum auf dem Deckeletikett gut lesbar sind.

Die Hinweise erinnerten ihn an die Fülle laminierter Gebetskarten, die die Wände seiner *Jeschiwa* dekorierten – die korrekte Art, seine Hände zu waschen; nach dem Stuhlgang Dankbarkeit für ein weiteres reibungsloses Funktionieren der Körperfunktionen zu zeigen – es gab für alles unter der Sonne und dem Mond ein Gebet; und dieser Akt der Blasphemie, den er im Begriff war zu vollziehen, war im Grunde nur ein weiteres Gebet. Bitte, *HaSchem*, sieh es so. Es sind nicht nur verschwendete Samen, *HaSchem*. Es dient einem Zweck. Er dachte an Chani, die im Wartebereich der Klinik saß, ihr bleiches Gesicht gerahmt von den glänzenden Vorhängen ihres *Scheitels*. Sie hockte zusammengekauert in der Höhle ihres langen, schwarzen Blazers, die Knie sittsam aneinandergepresst. Ihre Sehnsucht nach einem Kind hatte sie ausgezehrt, zerfraß sie von innen. Er hatte den scharfen Geruch ihrer Angst wahrgenommen, der ihr aus allen Poren zu sickern schien. Etwas, das von ihr ausströmte, wann immer sie sich bewegte.

Ein vorsichtiges Klopfen an der Tür ließ ihn zusammenfahren. *Baruch HaSchem* war die Tür abgeschlossen.

»Bei Ihnen alles in Ordnung, Mr Levy?«, hörte er die fröhliche Stimme der Krankenschwester gedämpft durch die Tür. Aus der Fassung gebracht, drehte er sich, stieß mit dem Ellenbogen gegen das Waschbecken und fluchte leise auf Jiddisch, dann rief er: »Ja, alles in Ordnung, danke. Ich bin in einer Minute draußen!«

»Lassen Sie sich Zeit, Mr Levy, keine Eile, ich wollte nur wissen, ob es Ihnen da drinnen gut geht.«

»Danke, ja, alles okay, ich mache dann mal weiter, danke, Schwester!«

Also gut, dann mal los. Er wusch sich die Hände und murmelte ein Gebet.

Auf dem niedrigen Regal neben der Taschentuchbox lag ein Stapel Männermagazine. Er hatte es vermieden, sie anzusehen. Doch ihre grellen Farben erinnerten ihn jetzt laut wie ein Hupsignal an seine Aufgabe. Fleischige, gebräunte Lenden, Brüste so aufgeblasen, dass sie davonzutreiben schienen, vollkommen losgelöst von ihren Besitzerinnen. Katzenhaft verengte Augen sahen ihn unter schweren Wimpern an, volle Lippen schimmerten. Die Frauen auf den Bildern waren wie Sirenen, bereit, ihn zu verschlingen. Er hatte seit Jahren nicht mehr in solche Zeitschriften gesehen, seit der Schule.

Er nahm eine vom Stapel und blätterte die Seiten durch. Seine Wangen brannten vor Scham, während sein Penis zuckend darauf reagierte. Doch die Bilder widerten ihn an, sie waren zu intensiv, zu viel. Er warf die Zeitschrift auf den Boden. Dann dachte er an Chani. Nein. Er wollte sie nicht beflecken. Ihre weiche, blasse Haut und die schmalen Gliedmaßen, die unter ihm so warm und lebendig waren, ihn umschlossen. Nein, nicht hier. Es fühlte sich so falsch an.

Durch die dünnen Wände konnte er das entfernte Lachen und Geplauder der Krankenschwestern hören. Die Schwester, die ihn hineinbegleitet hatte, war sehr hübsch gewesen. Asiatin, große braune Augen, gelbbraune Haut, volle rosige Lippen, die beim Lächeln eine Reihe gerader Zähne entblößten. Der Ausschnitt ihrer Uniform hatte ein schimmerndes Schlüsselbein offenbart, über einem kecken wohlverpackten Busen. Als sie sich nach vorn gebeugt hatte, um ihm die Tür zu öffnen, hatte sie ihn kurz berührt und für einen Moment hatte er die fremde und verbotene Wärme einer anderen Frau gespürt.

Er stand auf, löste seine Gürtelschnalle und ließ seine Hose zu den Knien hinunterrutschen. Er schlurfte zu dem Plastikbecher, die Fäden seines *Zizit* kitzelten ihn am Hintern. Sein Penis guckte zwischen den Hemdzipfeln hervor. Er schloss die Augen und begann sich zu streicheln.

Mr und Mrs Levy
Oktober 2009 – London

Der Anruf kam während des Abendessens. Was nicht ungewöhnlich war, denn Baruch meldete sich jede Woche um diese Uhrzeit bei ihnen. Mr Levy war ans Telefon gegangen, doch innerhalb von Sekunden verstummte er und lauschte konzentriert, und Mrs Levy wusste, dass bei ihrem Sohn nicht alles so war, wie es sein sollte.

»Was ist passiert? *Nu?* Sag's mir!«, zischte sie, doch Mr Levy bedeutete ihr, sie solle still sein. Zu schweigen gehörte jedoch nicht zu Mrs Levys Aufgaben.

»Dovid, *nu?* Was ist los? Lass mich mit ihm sprechen!«

Aber Mr Levy stand auf und verließ die Küche, das Telefon ans Ohr gedrückt. Mrs Levy tappte in ihren Samtpantoffeln hinter ihm her. Im Wohnzimmer sank er in einen der weißen Ledersessel, der unter seinem Gewicht ein leises Zischen von sich gab. Seine Frau flatterte aufgeregt vor ihm herum. Er verscheuchte sie mit einer Handbewegung, doch es war zwecklos. Schließlich hockte sie sich neben ihn und versuchte, ihr Ohr an den Hörer zu pressen.

»Was immer du brauchst, wir werden dir dabei helfen, *im jirtse HaSchem*. Kommt nach Hause, ihr beide.«

»Was ist los? Warum sind sie – «

»Psst, Berenice, ich erzähl's dir gleich. Entschuldige, Baruch, deine Mutter macht mich ganz *meschugge*, sie will alles wissen. Mmmh, ja, natürlich kannst du. Kein Problem.«

Sie konnte Baruchs Stimme hören, blechern und leise, doch sie verstand nicht, was er sagte, bevor der Anruf abrupt endete. Mr Levy wandte sich seiner Frau zu, die ihn mit weit aufgerissenen Augen unter den Fransen ihres dichten kupferfarbenen *Scheitels* ansah.

»Dovid, was ist denn? Ist er krank? Sag es mir!«

Mr Levy seufzte. Von der gefurchten Narbe auf seiner Stirn breitete sich ein Netz feiner Falten aus, wie Nebenflüsse von einer Quelle. Seine Wangen hingen ihm weich über die Kinnpartie und inzwischen war sein Bart – obwohl ordentlich geschnitten und getrimmt wie immer – grau meliert. Ihr Ehemann, der stets Robustheit und Kraft ausgestrahlt hatte und von ebensolcher Statur gewesen war, so lebendig und heiter in seinem Reden und Tun, war von einem müden, alten Mann verdrängt worden.

Mrs Levy hatte Angst. Was verschwieg er ihr?

»Erzähl's mir! Bitte!«

»Baruch und Chani haben ein paar Probleme mit der Fruchtbarkeit.«

»Ich wusste es!« Sie sprang von der Sessellehne hoch und begann, auf und ab zu tigern, was ihr hämisches Grinsen jedoch nicht verbergen konnte. »Habe ich's nicht gesagt? Selbst mit dem dreimonatigen Dispens durch den Rabbi hätte sie inzwischen schwanger sein müssen? Schon längst schwanger! *Nu?* Das muss an ihr liegen, ganz bestimmt liegt es an ihr. Wir hatten doch nie irgendwelche Probleme, genauso wenig wie Yisroel oder Ilan.«

»Hör auf, Berenice, bitte, hör damit auf. Was wissen wir denn schon von diesen Dingen? Was wissen sie? Es könnte auch nur am Timing liegen.«

»Das Mädchen war von Anfang an nicht die Richtige. Er hätte sie nie heiraten dürfen, und das hier beweist es. *HaSchem* hat es uns bewiesen.«

»Das darfst du so nicht sagen. Welche Pläne *HaSchem* hat, können wir nicht wissen.«

»Aber, aber – Es ist doch nur ein weiterer Beweis dafür, dass dieses dürre, kleine Kaufman-Mädchen nichts für ihn – nichts für uns ist. Und wenn er ein großer Rabbi werden soll, dann muss er Kinder haben! So steht es in der Tora. Ein Mann muss Kinder haben, es ist seine Pflicht, *HaSchem* zu gehorchen, und warum sollte irgendwer einen Rabbi ohne eigene Kinder respektieren? Wie soll er all die Probleme verstehen, die man mit Kindern hat? Wie soll er in seiner *Kehillo* Rat geben, wenn er keine Erfahrung damit hat? Vom Gebot der *Mizwa,* hinzugehen und sich zu vermehren, mal ganz abgesehen!«

Seine Frau stand in der Mitte ihres Schaffellteppichs, die Hände in den Hüften, mit bebendem *Scheitel.* Ihre Augen blitzten vor Erregung, und sie sah ihn erwartungsvoll an. Mr Levy blieb hart. Ihm war schwer ums Herz, ein dumpfes Mitleid regte sich darin für seinem armen Sohn und seine Schwiegertochter.

»Berenice, wir müssen ihnen helfen. Baruch hat uns um

Hilfe gebeten. Er möchte mit Chani deswegen zum Arzt gehen. Das können wir ihnen nicht abschlagen – das wäre in so vieler Hinsicht falsch«, sagte Mr Levy langsam und behutsam, in der Hoffnung, dass die Worte richtig ankommen würden.

»… und man würde es ja auch bei der Bilanz ihrer Mutter nicht annehmen, ich meine, bei welchem ist sie inzwischen – dem achten oder neunten?«

Mrs Levy hörte überhaupt nicht zu. Sie lief noch immer hin und her und gestikulierte wie eine *Meschuggene*. Woher um alles in der Welt nahm seine Frau diese Energie? Sie war ganz aufgewühlt von ihren Gefühlen, von der Möglichkeit –

»Wenn sie ihm keine Kinder schenken kann, dann müssen sie sich scheiden lassen, und das schnell – damit er eine andere findet, die das kann!«

»Beh-re-nice!« Mr Levy schlug mit der Hand auf seinen Sessel. Sie blieb plötzlich stehen.

»Es reicht. Setz dich hin und lass uns das besprechen.« Er zeigte auf den Sessel gegenüber.

»Was gibt es da zu besprechen? Wir müssen handeln! Libby Zuckerman hat eine jüngere Schwester, und ich habe gehört, sie ist –«

Mr Levy stand auf.

»Berenice, wir reden hier nicht über Scheidung. Wage es noch nicht einmal, darüber nachzudenken. Wir verhalten uns wie die *Mentschen*, die wir eigentlich sind.« Er sah seine Frau böse an und hoffte, sie zur Besinnung zu bringen. »Und wir helfen ihnen, wo immer wir können. Wenn du deinen Sohn wirklich so sehr liebst, wie ich weiß, dass du es tust, dann stehst du über dieser – dieser«, sein Mund verzog sich angewidert, »armseligen Abneigung, die du für deine Schwiegertochter empfindest, und tust das Richtige und bist für sie die beste Schwiegermutter, die du ihr sein kannst. Wir werden das hier um Baruchs willen durchstehen. Na, komm, hab ein bisschen *Rachmones*. Bitte.«

Das brachte Mrs Levy nur für einen winzigen Moment zum Schweigen, bevor sie wieder zum Angriff überging.

»Und wie lange willst du warten?«, fragte sie energisch, die Füße in den Pantoffeln fest auf dem Boden.

»Und wie kannst du so sicher sein, dass es Chani ist, die das Problem hat, *nu?*«, konterte er.

»Ach, komm, Dovid. Wir hatten keine Schwierigkeiten.«

»Oh, oh.« Er wackelte mit dem Finger in ihre Richtung. »Ah, man vergisst so leicht, nicht wahr?«

»Vergisst was?«, fragte Mrs Levy leichthin, während sie sich mit den Fingern durch die Fransen ihres *Scheitels* fuhr. Sie kniff die Augen zusammen.

»Wir haben zehn Monate gebraucht, bis du mit Yisroel schwanger warst, weißt du noch?«

Mrs Levy versteifte sich. Diese düstere Episode hatte sie vergessen. Viel lieber erinnerte sie sich nur an die guten Zeiten. *Baruch HaSchem.*

Er sah, wie ihre Augen das Funkeln verloren, als sich ihr erhitztes Gesicht beruhigte.

»Was für eine schreckliche Zeit das war. Alle wussten Bescheid. Und wirklich jeder hat sich eingemischt. Ich konnte nicht mal die Straße hinuntergehen, ohne dass mich irgendeine Klatschtante gefragt hat, ob ich bereits schwanger sei. *Baruch HaSchem!*«

Er lächelte traurig. »Ja, das war ein Albtraum. Aber wir haben es durchgestanden, mit *HaSchems* Hilfe.«

»Schlussendlich.«

»Schlussendlich«, pflichtete er ihr bei.

»Aber wir brauchten keinen Arzt. Es ist einfach passiert.«

»Genau, also passiert es auch bei Baruch und Chani einfach. Aber wenn es wirklich ein Problem gibt, dann müssen wir ihnen jede Möglichkeit geben, das zu richten.«

»Natürlich. Und wir müssen die Rechnung bezahlen. Ihre Familie wird nichts beisteuern«, murrte sie. Sie dachte an die pathetischen Schwiegereltern ihres Sohnes, den verarmten, mittelmäßigen Klan der Kaufmans, mit dem sie jetzt unwiderruflich verwandt war.

»Ja, es ist unsere Pflicht.«

»Gut, aber unter einer Bedingung.«

»*Nu?*«

»Wir geben ihnen sechs Monate, um das in Ordnung zu bringen. Sie bekommen alle Ärzte und Tests, die sie brauchen, und wenn dann immer noch kein Baby unterwegs ist, dann sprechen wir mit Baruch über Scheidung.«

Mr Levy ließ den Kopf auf seinen Fäusten ruhen. Er seufzte lang und streckte sich, als er über ihren Vorschlag nachdachte.

»Okay, Berenice, in dem Punkt hast du gewonnen.«

Sie belohnte ihn mit einem zahmen Lächeln.

»Du wirst schon sehen, dass ich recht habe. Du kannst mir später danken.«

»*Chas we Shalom!* Geh und hol mir bitte ein Glas Whisky.«

Mrs Levy schlenderte in bester Laune davon, um der

Bitte ihres Mannes nachzukommen. Am Ende bekam sie immer ihren Willen.

Mr Levy ließ sich wieder in seinen Sessel fallen. Er liebte seine Frau, aber manchmal war sie eine wahre Nervensäge.

Chani. Mrs Kaufman.
Oktober 2009 – London, Jerusalem

»*Chas veh Shalom!* Was meinst du damit, du kannst kein Baby bekommen, Chanaleh? Natürlich kannst du. Manchmal brauchen diese Dinge einfach ein bisschen Zeit.«

Mrs Kaufman stand in ihrer Küche, das Telefon zwischen Ohr und Schulter geklemmt, während sie den Teig für das *Challa* klatschte und knetete. Ihre Kinne wackelten bei der Arbeit. Heute Abend war *Schabbes,* und als hätte sie das bereits vergessen, rief ihre fünfte Tochter ausgerechnet jetzt mit einer solchen Nachricht an. Nun weinte Chani. Mrs Kaufman konnte ihre Trauer spüren – sie nagte an ihrem großen Herzen, und ihre eigenen Augen begannen zu brennen. Hastig wischte sie sich die tropfende Nase am Ärmel ab.

»Chani, hör bitte einen Augenblick auf zu weinen. Du hast nur etwas Pech gehabt, sonst hättest du schon längst ein Baby, und du wirst ein Baby bekommen, Chanaleh, denn du bist meine Tochter, und niemand kann behaupten, dass dein Vater und ich je Probleme gehabt hätten, Kinder in die Welt zu setzen. *Bli Ajin HaRa.*«

Wahrere Worte waren nie gesprochen worden. Unter ihrem lockeren Hauskleid war in Mrs Kaufmans ewig fruchtbarem Leib gerade schon wieder ein neues Leben aufgeflackert. Im Alter von sechsundvierzig Jahren bereitete sich ihr müder, alter Körper darauf vor, ein neuntes Kind zur Welt zu bringen. Aber diesmal, *Besrat HaSchem,* würde es ein Junge sein. Da war sich Mrs Kaufman sicher. Das hatte sie im Urin. Doch Taktgefühl und Sorge hielten sie davon ab, diese besondere Freude mit ihrer Tochter zu teilen. Stattdessen schickte Mrs Kaufman ein stilles Gebet gen Himmel und drängte *HaSchem,* Chani so schnell wie möglich mit einem Kind zu segnen. Am besten gleich.

»Keine deiner Schwestern hat Probleme, Kinder zu bekommen, und du auch nicht. Du wirst schon sehen, Chani, du wirst viele Kinder bekommen, *Besrat HaSchem.* Habt ihr eure *Mesusas* überprüfen lassen? Wenn damit etwas nicht stimmt, kann das euer *Mazel* beeinträchtigen.«

Chani verdrehte die Augen. »Ja, Mum, wir haben sie alle überprüfen lassen. Sie sind in Ordnung.«

»Wart ihr schon bei eurem Rabbi in *Jeruschalajim?* Was hat er gesagt?«, fuhr Mrs Kaufman fort. Ihre geschwollenen Füße brachten sie fast um. Eine Frau musste viel erdulden. Sie zog sich einen Hocker heran, ließ sich schwerfällig darauf nieder und schloss erleichtert die Augen.

»Er sagte, wir sollen weiter beten, es weiter versuchen, und ich solle das Grab der Matriarchinnen in Tiberias besuchen und um Hilfe bitten. Nach den letzten Angriffen auf die Checkpoints ist es aber zu gefährlich, dorthin zu reisen. Baruch fürchtet sich davor zu fahren und davon abgesehen, beten wir wie *meschugge* und *nichts* passiert!«

Sie begann wieder zu schluchzen, und das unbarmherzige Elend überwand Tausende von Meilen. Mrs Kaufmans Herz schmerzte vor Mitleid. Ihre Chani, immer ein wenig anders, immer etwas widerspenstig, litt. Und wenn ein Kind leidet, dann leidet auch die Mutter. Mrs Kaufman wechselte das Ohr und begann, den Teig in drei gleich große Portionen zu teilen.

»Komm nach Hause, Chanaleh, komm nach Hause. Bring Baruch mit und bleib bei uns, wir fragen Dr. Weinstein um Rat.«

»Also, Mum, genau genommen fliegen wir nächsten Dienstag. Baruchs Dad hat unsere Flüge bereits gebucht. Er kennt einen top Kinderwunsch-Spezialisten und hat uns bereits einen Termin bei ihm gebucht.« Chanis Stimme klang tonlos.

Mrs Kaufman erstarrte. Wie üblich waren die Levys ihnen zuvorgekommen.

»Oh, okay. Und wo werdet ihr übernachten? Ich kann Devorahs altes Zimmer für euch herrichten.«

Chani biss sich auf die Lippe. Sie wollte ihre Eltern nicht verletzen, indem sie ihre Gastfreundschaft zurückwies. Doch sie konnte sich Baruch unmöglich im Chaos ihres Elternhauses vorstellen, mit den schäbigen Zimmern, dem feuchtkalten Bad im Obergeschoss und den Wänden, die jedes Knarren preisgaben. Baruch war schon dort gewesen, aber es war dennoch peinlich – und er war noch nie über Nacht geblieben. Sie schämte sich, dass sie sich schämte.

»Mum, öhm, Dovid – ich meine, Mr Levy – hat uns eine Unterkunft besorgt. Wir können in einem seiner leer stehenden Apartments wohnen. Es ist in einem Mietshaus in Golders, also ganz in der Nähe, und wir können euch jeden Tag besuchen«, schloss sie wenig überzeugend.

Mrs Kaufmans Hände begannen ihren wöchentlichen

Tanz und flochten die Teigstränge zu einem ordentlichen, saftigen Laib.

»Das dachte ich mir schon. Unser Haus ist also nicht mehr gut genug für Eure Hoheit?«

Chani rollte mit den Augen. »Ach, komm, Mum. Mach es nicht noch schlimmer. Bitte, tu mir das nicht an. Hier geht es nicht um euch gegen die Levys. Aber wir brauchen ein bisschen Privatsphäre, weil alles schon schwer genug ist.«

Mrs Kaufman strich mit einem in Eigelb getauchten Backpinsel über den Brotlaib, schob ihn in den Ofen und knallte die Tür zu. Bei dem vertrauten metallischen Scheppern zuckte Chani zusammen. Als Nächstes würde ihre Mutter sich die Hände an einem Geschirrtuch abwischen, nach einer Flasche Reinigungsspray greifen und den verschmierten Küchentresen in weiten, großzügigen Bögen einsprühen.

Mrs Kaufman schniefte. »Wie du willst, Chanaleh. Wir warten hier auf dich. Sie können euch geben, was wir euch nicht geben können, und dafür, *Baruch HaSchem,* sollte ich vermutlich dankbar sein.«

»Mum, das weiß ich sehr zu schätzen. Tu ich wirklich. Ich kann es kaum erwarten, euch alle wiederzusehen.«

»Oh, Chanaleh, *Schabbes* steht vor der Tür, und ich habe noch so viel zu tun. Darf ich deinem Vater erzählen, dass ihr kommt? Und warum?« Oben hatte ein Kind angefangen zu heulen, und Mrs Kaufmans Aufmerksamkeit kehrte zum Naheliegendsten zurück.

Chani dachte an ihren Vater. Sie wollte ihn nicht traurig machen. Und sie kannte den Hang ihrer Mutter zur Melodramatik.

»Natürlich, aber beunruhige ihn nicht so sehr. Spiel es vielleicht ein wenig runter, *nu?* Wir sehen uns bald. Einen schönen *Schabbes*.«

»Ich geb mein Bestes. *Besrat HaSchem* – all das wird bald nur noch wie ein schlechter Traum sein, *nu?* Einen schönen *Schabbes*, Chanaleh. Ruf mich an, wenn ihr gelandet seid, ja?«

»Okay, Mum. *Besrat HaSchem.*«

Chani. Baruch.

November 2009 – London

Abgesehen von dem leuchtenden Bildschirm war der Raum dunkel. Chani lag rücklings auf dem Bett unter einem blauen Laken, die Knie gebeugt und die Füße auf Metallstützen. Sie war von der Hüfte abwärts nackt und ihr Allerheiligstes für jeden sichtbar. Sie wand sich vor Angst. Niemand außer Baruch und der *Mikwe*-Frau hatte ihren Intimbereich je gesehen oder ihn so gründlich untersucht.

»Rücken Sie mit Ihrem Po ein bisschen nach vorn, näher an den Rand des Bettes.«

Baruch HaSchem war es eine Ärztin und kein Mann.

»Also, Mrs Levy … Darf ich Sie Hannah nennen?« Die Ärztin war jung, Französin und hatte eine charismatische Ausstrahlung. Sie trug ihr Haar in einem eleganten Knoten zurückgebunden und kein Make-up, strahlte aber dennoch Stil und Glamour aus. Vielleicht war es ihr Duft. Etwas Ausländisches, Verführerisches, das Chani jedes Mal, wenn sie sich bewegte oder sich über sie beugte, in kleinen Brisen erreichte.

Die Ärztin zog sich flitschend ein Paar Latexhandschuhe über, und die Krankenschwester kam herüber, um sich neben Chani zu stellen und beruhigend zu lächeln. Chani war alles andere als beruhigt.

»Okay, dann fangen wir mal an. Es wird nicht wehtun, entspannen Sie sich einfach. Ich werde einen Stab in Ihre Vagina einführen und mir Ihre Unterleibsorgane ansehen. Sie werden sie gleich selbst dort auf diesem Bildschirm sehen können.«

Die Ärztin drehte den Bildschirm um, der dabei quietschte, doch Chani konnte ihn nur sehen, wenn sie den Hals in einem unangenehmen Winkel reckte.

Chani hörte ein feuchtes Prusten, setzte sich auf und sah, wie die Ärztin ein durchsichtiges Gel auf einen langen, schmalen Plastikstab mit rundem Kopf spritzte. Ihr Herz begann zu rasen, und ein Dröhnen erfüllte ihre Ohren.

Bitte, *HaSchem,* mach, dass es nicht wehtut. Bitte, *HaSchem,* lass es schnell vorbeigehen.

»Entspannen Sie sich und legen Sie sich bitte wieder hin.«

Chani gehorchte.

»Bitte, spreizen Sie Ihre Oberschenkel.«

Doch Chani konnte nicht. Ihre Knie klebten aneinander.

»Ist schon okay, Mrs Levy – Hannah – bitte entspannen Sie sich einfach. Wir haben alle Zeit der Welt.«

Wo war Baruch? Sie brauchte ihn jetzt hier.

Sie bekam ihre Knie von allein nicht auseinander und zitterte. Die Schwester nahm ihre Hand und drückte sie sanft.

»Hey, hey, ist schon okay, Mrs Levy. Atmen Sie einfach tief ein. Und dann langsam aus. So.« Die Schwester atmete voller Zuversicht ein und wieder aus, und Chani mit ihr.

Bitte, *HaSchem,* mach, dass Baruch genau in dieser Sekunde auftaucht. Doch die Tür blieb verschlossen. Wo war er? Was machte er so lange?

»Und wieder, Mrs Levy. Einatmen … und ausatmen«, schmeichelte die Krankenschwester.

Die Ärztin schob sanft Chanis Knie auseinander und bevor sie sich's versah, stieß eine kalte, nasse Nase an den Eingang ihres Allerheiligsten. Die Ärztin lehnte sich gegen Chanis gespreizte Schenkel und drückte fester zu. Eine ihrer behandschuhten Hände ruhte auf Chanis Knie; einem Knie, das nie jemand außer Baruch berührt hatte. Es war alles äußerst unbequem. Und Baruch war immer noch nicht da. *Was machte er denn, nu?*

»Und hier haben wir Ihre Cervix und Ihren Uterus, wunderschön geformt, perfekt, Hannah, da ist viel Platz für ein Baby. Und hier ist Ihre Gebärmutterschleimhaut, bereits verdickt, also stehen Sie kurz vor der Ovulation«, murmelte die Ärztin.

Ovulation? Was war das? Chani biss sich auf die Lippe und versuchte sich rauszuwinden, als der Stab tiefer eindrang. Sie verspürte das verzweifelte Bedürfnis zu urinieren.

»Und hier ist Ihr rechtes Ovar, voller winziger Follikel, und einer sieht aus, als wäre er bereit zu platzen«, flötete die Ärztin.

Platzen? Ein Follikel? Sie hatte bisher nur von Haarfollikeln gehört und hätte gern nachgefragt, aber befürchtete, dann dumm zu wirken. Chani verrenkte sich, um den Monitor sehen zu können. Graue und weiße Ovale blühten auf und verschwanden wieder. Sie hatte keine Ahnung, ob der oszillierende Ring ihr Ovar war, und was genau war überhaupt ein Ovar?

»Und hier ist Ihr linkes Ovar. Wunderschön, voll mit Hunderten winziger Follikel. Genau, wie es sein sollte.«

Die Ärztin zog den Stab mit einem schmatzenden Geräusch heraus. Chani wurde rot. *Baruch HaSchem* war es dunkel. Die Ärztin schien nichts zu bemerken und zog ihre Handschuhe aus. Chanis Knie klappten zusammen. Sie zitterte immer noch. Mit Mühe richtete sie sich auf den Ellenbogen auf.

»Also, Frau Doktor, ist alles in Ordnung da unten?« Ihr fiel der Nachname nicht mehr ein, doch die Ärztin kam an ihre Seite und legte beschwichtigend eine Hand auf Chanis geballte Faust. Die Hand war kühl und weich.

»Soweit ich das über den Ultraschall sehen konnte, Hannah, sind Ihre Ovarien und Ihre Gebärmutter vollkommen normal und gesund. Wir müssen noch ein paar Tests durchführen und natürlich benötigen wir noch die Ergebnisse der Proben Ihres Mannes, doch dann haben wir ein besseres Bild. Aber Sie können so weit ganz beruhigt sein, rein physisch ist Ihre Gebärmutter perfekt geeignet, um ein Kind auszutragen. Jetzt können Sie sich abwischen, anziehen und draußen wieder zu Ihrem Mann gehen, okay?«

Sie tätschelte kurz Chanis Faust, nickte der Schwester flüchtig zu und verließ den Raum. Chani konnte das Klickklack ihrer Absätze hören, die sich über den Korridor entfernten. Die Krankenschwester erschien fröhlich strahlend an ihrer Seite. »Okay, Hannah, runter mit Ihnen, so ist's recht, Süße, hier, bitte schön. Machen Sie sich ein bisschen sauber, während ich aufräume.«

Die Schwester reichte ihr ein paar blaue, saugfähige Tücher und drehte ihr pflichtbewusst den Rücken zu, als Chani sich zwischen den Beinen abwischte.

»Schwester, öhm, was ist eine Ovulation?«

Die Krankenschwester drehte sich um und sah Chani erstaunt an. »Ach, Süße, das bedeutet, dass einer Ihrer Ovarien einmal im Monat ein Ei abgibt. Wenn das Ei nicht befruchtet wird, dann bekommen Sie Ihre Periode. Ihr Körper trennt sich von der Gebärmutterschleimhaut, und dann bluten Sie.«

Ein Ei? Sie war doch kein Huhn. *Befruchtet? Von was genau befruchtet?* Sie traute sich nicht zu fragen. Stattdessen konzentrierte sie sich auf die würdelose Aufgabe, ihren Schlüpfer zu suchen und ihn hochzuziehen.

»Und wenn es befruchtet wird?«

»Nun, dann sind Sie schwanger, wenn alles gut läuft.«

Schwanger. Bitte, *HaSchem*, lass mich ein Ei legen und lass es bald befruchtet sein. Was immer das heißen sollte.

***

Baruch zog sich hastig an. Er wusch sich die Hände, betete und schloss die Tür auf. Draußen richtete sich Rabbi Pinsk etwas verwirrt auf. Er war eingenickt. Er grinste Baruch peinlich berührt an. Baruch vermied Augenkontakt und reichte ihm den verschlossenen Plastikbeutel, in dem sich ein Becher mit seinem heiligen Samen befand.

Rabbi Pinsk überprüfte den Namen auf dem Becher, das Datum und die Uhrzeit. Er nickte und sagte. »Dann wollen wir das mal der Schwester geben. Ich werde ihm bis ins Labor folgen und mich vergewissern, dass er nicht verwechselt wird oder verloren geht, oder mit der Absonderung eines Gojim vertauscht wird. *Chas veh Shalom! Baruch HaSchem*, alles wird gut, auf dass du Vater vieler Kinder wirst und die große Linie Israels fortführst.«

»*Im jirtse HaSchem*«, vervollständigte Baruch und starrte auf das makellose Krankenhaus-Linoleum.

»*Im jirtse HaSchem.*«

Mit einem Nicken und einer kleinen Verbeugung marschierte Rabbi Pinsk den Korridor hinunter und durch eine weitere Flügeltür. Baruch schlurfte hinterher, den Blick auf die knittrige Plastiktüte geheftet, die an Rabbi Pinsks Faust herabbaumelte. Wie viele Seelen befanden sich darin und warteten darauf, geboren zu werden? Die Antwort kannte nur *HaSchem*.

Vor ihnen lag die Schwesternstation. Die hübsche Asiatin stand am Tresen. Sie blickte auf und begrüßte sie mit einem polierten, professionellen Lächeln, als gehöre der Anblick zweier linkischer junger Männer in schwarz und weißen Trachten, mit Fedoras, Bärten und Troddeln an den Hüften zu ihrem Alltag.

»Fertig, die Herren?«

»Ja, danke, Schwester. Hier ist es, und ich werde Sie ins Labor begleiten, wenn Sie nichts dagegen haben, da – öhm, Sie ja sicher unsere – öhm – besonderen spirituellen Anforderungen kennen.«

Das sagte Rabbi Pinsk, ohne dabei die Schwester oder

ihren Busen anzusehen, sondern auf die Uhr über ihrem Kopf zu starren. Er stellte die Tüte auf den Tresen.

»Ja, Sir, das ist in Ordnung. Wir verstehen Ihre Besorgnis. Wenn Sie jetzt bitte dort drüben warten würden? Wenn ich die notwendigen Formulare ausgefüllt habe, werde ich die Probe in unser Labor bringen, wo sie getestet wird. Und Sie können mit mir kommen, Sir, um alles zu überprüfen.«

Rabbi Pinsk nickte und setzte sich, um weiter aufzupassen. Baruch blieb stehen. Die Schwester kontrollierte eine Liste.

»Wann bekommen wir die Ergebnisse?«

Der Kopf der Schwester fuhr hoch.

»Es tut mir leid, Mr Levy. Wir würden Sie bitten, in zwei Tagen wieder herzukommen. Die Empfangsdame wird Ihnen und Mrs Levy einen Termin geben, damit Sie die Testergebnisse ausführlich besprechen können. Das wäre dann Freitagmorgen.« Ein weiteres, strahlendes, höfliches Lächeln.

»Danke, Schwester«, sagte Baruch. Er drehte sich zu Rabbi Pinsk um.

»Auf Wiedersehen, Rabbi Pinsk, und vielen Dank für Ihre Zeit.«

»War mir ein Vergnügen, Baruch, es ist eine gute Sache, dir und deiner Frau zu helfen. *Baruch HaSchem.*«

»*Baruch HaSchem*«, erwiderte Baruch, der inzwischen nur noch wegwollte. Der Geruch des Krankenhauses, die stickige Hitze und die Peinlichkeit, dass seine Körperflüssigkeit öffentlich herumgereicht wurde, waren einfach zu viel.

Rabbi Pinsk tippte sich grüßend an den Fedora und hielt weiter Wache. Baruch flüchtete. Der Korridor war leer, er lehnte sich gegen eine Wand, schloss die Augen und atmete auf. Jetzt, wo Rabbi Pinsk eifrig seine kostbare Fracht bewachte, war er frei und konnte zu seiner Frau zurückkehren. Er schob sich von der Wand weg und ging mit Schwung durch die letzte Flügeltür in die Empfangshalle. Doch sie war nicht da.

Baruch tigerte auf und ab. Er galoppierte zu den Getränkeautomaten, machte kehrt und ging zurück zum Empfangstresen. Die Empfangsdame linste hinter ihrem Computerbildschirm hervor.

»Ist mit Ihnen alles in Ordnung, Sir?«

»Ja, ja, mir geht's gut. Ich warte nur darauf, dass meine Frau von ihrer Untersuchung zurückkehrt.«

»Das wird nicht mehr lange dauern. Im Wartebereich gibt es kostenlosen Tee und Kaffee.«

»Ah, danke, aber nein danke«, entgegnete Baruch. Die Türen öffneten sich und seine Frau trat heraus, die etwas benommen wirkte. Ihr Rock war zerknittert und ihr *Scheitel* war ein wenig verrutscht. Er wagte nicht, es ihr in aller Öffentlichkeit zu sagen.

Sobald sie ihn sah, nahm sie ihn aufs Korn. »Wo warst du?«, wollte sie wissen. »Ich war da drinnen ganz allein!«

»Ich habe, ääh, das zu Ende gebracht«, erwiderte er lahm.

»Was zu Ende gebracht?«

»Du weißt schon, Chani, die Probe!« Er spürte, wie ihm die Röte in die Wangen kroch.

»Ah, die Probe.« Sie dachte an den Glibber, der unausweichlich aus ihrem Allerheiligsten sickerte, nachdem sie ihre Vereinigungen hatten. Das Elixier, das sie angeblich schwanger machen sollte. Das und das mysteriöse Ei.

»Und, wie lief's?«, flüsterte sie. »Bei mir war's schrecklich.«

Die Empfangsdame und die anderen wartenden Paare schienen alle mit dem aufgehört zu haben, womit sie gerade beschäftigt gewesen waren. Es raschelten keine Zeitungen mehr und niemand tippte auf dem Handy.

»Lass uns hinausgehen, Chanaleh, da können wir ungestört reden.« Er öffnete ihr die Tür.

Die frische Luft war eine Erlösung. Sie befanden sich in einem sonnenbeschienenen Innenhof, umgeben von gelbem Londoner Backstein, wo um einen stillgelegten Brunnen herum Plastiktische und Stühle standen. Sie setzten sich.

»Nun, offensichtlich habe ich Eier in mir«, verkündete Chani fröhlich.

»Eier?«

»Ja, Eier. Jeden Monat produziere ich eins mit meinen Ovarien. Was immer das ist. Es nennt sich Ovulation. Und wenn eins befruchtet ist, was immer das bedeutet, wird daraus ein Baby.« Diese Worte wurden von einer überschwänglichen Geste begleitet.

»Aha, ja, ja, dann ergibt das alles einen Sinn«, sagte Baruch wenig überzeugend.

»Welchen denn? Für mich ergibt das alles überhaupt keinen Sinn. Ich meine, in der Schule wurde uns nichts darüber beigebracht. Es war alles so ein großes Rätsel.«

»Ähm, mir wurde beigebracht, dass meine, ähm, Keimzellen – ich glaube, so haben sie sie genannt – sich mit deinem Ei treffen müssen.«

»Und was genau sind Keimzellen?«

»Das in meinem, ähm, Ausstoß. Die schwimmen darin herum.«

Er konnte ihr nicht in die Augen sehen. Stattdessen betrachtete er den Plastiktisch, begann mit den Fingern darauf zu trommeln und tappte gleichzeitig mit dem Fuß. Seine Frau saß anmutig auf der Kante ihres Stuhls, eine zerbrechliche, kleine Gestalt, deren Hand er gerne gehalten hätte, aber leider durfte er das in der Öffentlichkeit nicht.

»Schwimmen?«

»Ja, sie bewegen sich da irgendwie herum«, sagte er und machte mit der Hand eine schlängelnde Fisch-Bewegung.

Chani starrte ihn neugierig an.

»Dann müssen sie also zu meinem Ei schwimmen?«

»Vermutlich.« Baruch fummelte an seinen *Ziziot* herum. Sein Knie wippte mit dem Fuß auf und ab.

»Aber was, wenn damit etwas nicht stimmt, und sie schaffen es nicht? Oder da wartet kein Ei? Was dann?« Ihre Stimme war ein raues Flüstern.

»Ich vermute, deswegen sind wir hier, Chanaleh. Um herauszufinden, ob es wirklich ein Problem gibt und wie man es lösen könnte, wenn es, *Besrat HaSchem,* eine Lösung gibt.«

»*Besrat HaSchem«,* murmelte sie.

»Komm, Chani, ich habe für heute genug von diesem Ort. Lass uns deine Eltern besuchen und dort zu Mittag essen. Wir müssen in zwei Tagen, am Freitagmorgen, wieder herkommen, dann bekommen wir die Ergebnisse.« Er stand auf und wartete darauf, dass sie sich sammelte.

Chani bewegte sich nicht. Sie wirkte erschöpft. Ihre Haut war fahl und ihre Schulterblätter sprangen unter dem dünnen Stoff ihres Blazers hervor. Sie starrte ins Leere.

»Chanaleh, was ist denn los?« Er kniete sich neben sie hin, so dicht, wie er konnte, ohne sie zu berühren.

Sie schüttelte den Kopf und sagte fast unhörbar: »Was, wenn du es bist und nicht ich? Sie sagte, mein Unterleib sähe perfekt aus. Aber was tun wir, wenn deine Keimzellen nicht –« Sie verstummte. Der Innenhof war menschenleer. Baruch legte seine großen Hände über ihre zitternden Finger. Er hielt fest ihre Hand und schob ihre Knie herum, damit sie ihn anschaute. Er blickte in ihr verkniffenes Gesicht und schob zärtlich das Haar wie Vorhänge beiseite, damit sie ihm in die Augen sehen konnte.

»Wenn es an mir liegt, werden wir, *Besrat HaSchem*, einen Weg finden. Die Ärzte werden uns helfen, Chani. Wir müssen ihrer Expertise vertrauen. Und *HaSchem*. Und uns.«

Sie nickte.

»Okay, dann probieren wir es aus. Uns bleibt keine andere Wahl, nicht wahr? *Im jirtse HaSchem.*« Sie seufzte.

Baruch zog sie auf die Füße. Er hätte sie gern fest umarmt, sie hochgehoben und sie getragen. Doch er begnügte sich damit, ihre Hand ein weiteres Mal sanft zu drücken und dann loszulassen.

»*Im jirtse HaSchem.* Na, komm, deine Mutter wartet bestimmt schon darauf, dich zu sehen.«

JOHN IRVING

Jenny Fields oder Garps
wundersame Zeugung

Jenny Fields war eine gute Krankenschwester, und sie bekam immer mehr zu tun. Viele Schwestern meldeten sich freiwillig zum Dienst in der Army, aber Jenny hatte kein Bedürfnis, die Uniform oder den Wohnort zu wechseln; sie war eine Einzelgängerin und legte keinen Wert darauf, lauter neue Leute kennenzulernen. Im Übrigen fand sie die *Rangordnung* im Boston Mercy irritierend genug – in einem Feldlazarett der Army konnte das nur noch schlimmer sein.

Vor allem die Neugeborenen hätten ihr gefehlt. Deshalb blieb sie, als so viele andere gingen. Als Krankenschwester, das spürte sie, war sie am besten auf der Entbindungsstation – und plötzlich gab es so viele Babys, deren Väter weit weg, gefallen oder vermisst waren. Jenny hatte vor allem den Wunsch, diesen Müttern Mut zu machen. Im Grunde beneidete sie sie sogar. In ihren Augen war es die ideale Situation: eine Mutter, allein mit einem Neugeborenen, der dazugehörige Mann am Himmel über Frankreich abgeschossen. Eine junge Frau mit ihrem Kind, und das ganze Leben noch vor sich – nur sie beide. Ein Kind ganz ohne Verpflichtungen, dachte Jenny Fields. Fast eine jungfräuliche Geburt. Zumindest würde keine *weitere* Peter-Behandlung erforderlich sein.

Die Frauen waren mit ihrem Los natürlich nicht immer so zufrieden, wie Jenny es an ihrer Stelle gewesen wäre. Viele von ihnen waren traurig, andere fühlten sich im Stich gelassen; einige lehnten ihre Kinder ab; andere wollten einen Ehemann und einen Vater für ihre Kinder. Aber Jenny Fields war ihre Stütze – sie plädierte für das Alleinleben, sie machte ihnen klar, was für ein Glück sie hatten.

»Glauben Sie nicht, dass Sie eine gute Frau sind?«, fragte sie sie. Die meisten fanden, dass sie es waren.

»Und haben Sie nicht ein wunderbares Baby?« Die meisten fanden ihr Baby wunderbar.

»Und der Vater? Wie war er?« Ein Faulenzer, dachten viele. Ein Schwein, ein Flegel, ein Lügner – ein abgewrackter Nichtsnutz, ein Herumtreiber! Aber er ist *tot!*, schluchzten einige.

»Dann sind Sie jetzt doch besser dran, oder?«, fragte Jenny.

Einige schlossen sich ihrer Ansicht an, doch Jennys Ruf im Krankenhaus litt unter dieser Kampagne. Allgemein war das Krankenhaus nicht so ermutigend gegenüber ledigen Müttern.

»Die Jungfrau Maria-Jenny«, sagten die anderen Schwestern. »Die will kein Baby auf die leichte Tour. Soll sie doch den lieben Gott bitten, dass er ihr eins schenkt.«

In ihrer Autobiografie schrieb Jenny: »Ich wollte eine Arbeit haben, und ich wollte allein leben. Das machte mich sexuell verdächtig. Außerdem wollte ich ein Kind, aber ich wollte weder meinen Körper noch mein Leben mit jemandem teilen müssen, um eines zu bekommen. Auch das machte mich sexuell verdächtig.« Genau das machte sie auch ordinär. (Und daher hatte sie ihren berühmten Titel: *Eine sexuell Verdächtige. Die Autobiografie der Jenny Fields.*)

Jenny Fields entdeckte, dass man mehr respektiert wurde, wenn man andere Leute schockierte, als wenn man versuchte, möglichst unauffällig sein eigenes Leben zu leben. Jenny erzählte den anderen Schwestern, dass sie sich eines Tages einen Mann suchen würde, um sich von ihm schwängern zu lassen – und sonst gar nichts. Die Möglichkeit, dass der Mann es mehr als einmal versuchen musste, zog sie nicht in Betracht. Die Schwestern erzählten das natürlich brühwarm weiter. Nicht lange, und Jenny bekam gleich mehrere Anträge. Sie musste sich schnell entscheiden: entweder beschämt den Rückzug antreten, weil ihr Geheimnis jetzt keines mehr war, oder dazu stehen.

Ein junger Medizinstudent bot sich unter der Bedingung an, dass er an einem verlängerten Wochenende mindestens sechs Versuche bekäme. Jenny erklärte ihm, er habe offenbar ein schwaches Selbstvertrauen; sie wolle ein Kind, das nicht so unsicher sei.

Ein Anästhesist sagte, er würde sogar für die Ausbildung des Kindes – bis zum College-Abschluss – aufkommen. Jenny erklärte ihm, seine Augen stünden zu eng beisammen und er habe keine ebenmäßigen Zähne; sie wolle ihrem zukünftigen Kind keine solche Makel aufbürden.

Der Freund einer anderen Krankenschwester ließ sich etwas besonders Gemeines für sie einfallen: Er überreichte ihr in der Krankenhauskantine ein bis zum Rand mit einer weißlichen, schleimigen Flüssigkeit gefülltes Glas.

»Sperma«, sagte er und deutete mit einem Kopfnicken

auf das Glas. »Das ist *ein* Schuss – ich mache keine halben Sachen. Wenn man nur einen Versuch hat, bin ich Ihr Mann.« Jenny hielt das Zeug hoch und musterte es kühl. Gott allein wusste, was wirklich darin war. Der Freund der Kollegin sagte: »Nur damit Sie sehen, was ich Ihnen bieten kann. Samen *en masse*«, fügte er grinsend hinzu. Jenny kippte den Inhalt des Glases in eine Topfpflanze.

»Ich will ein Kind«, sagte sie. »Ich habe nicht die Absicht, eine Samenbank aufzumachen.«

Jenny wusste, dass sie es schwer haben würde. Sie lernte, Hänseleien zu ertragen, aber auch zu kontern.

So kamen die anderen zu dem Schluss, Jenny Fields sei unfein, sie gehe zu weit. Ein Witz war ein Witz, aber Jenny schien es ernst damit zu sein. Entweder streckte sie die Waffen aus Sturheit nicht – oder, schlimmer noch, sie meinte wirklich, was sie sagte. Ihre Kollegen im Krankenhaus schafften es weder, sie zum Lachen, noch, sie ins Bett zu bringen. Oder wie Garp über das Dilemma seiner Mutter schrieb: »Ihre Kollegen stellten fest, dass sie sich ihnen überlegen fühlte. Das können Kollegen grundsätzlich nicht leiden.«

Also legten sie eine härtere Gangart gegenüber Jenny Fields ein. Es war eine Entscheidung der Belegschaft – selbstverständlich »zu ihrem eigenen Besten«. Sie beschlossen, Jenny den Neugeborenen und ihren Müttern wegzunehmen. Sie hat immer nur die Kinder im Kopf, sagten sie. Jenny Fields muss weg von der Entbindungsstation. Haltet sie von den Brutkästen fern – sie hat ein zu weiches Herz, oder eine zu weiche Birne.

Und so trennten sie Jenny Fields von den Müttern und

ihren Kindern. Sie ist eine sehr gute Schwester, sagten sie alle; schicken wir sie ein bisschen auf die Intensivstation. Sie hatten die Erfahrung gemacht, dass die Schwestern auf der Intensivstation des Boston Mercy schnell das Interesse an ihren eigenen Problemen verloren. Jenny wusste natürlich, warum man sie von den Neugeborenen wegschickte; sie nahm den anderen nur übel, dass sie ihr so wenig Selbstbeherrschung zutrauten. Weil sie ihren Wunsch sonderbar fanden, nahmen sie an, sie könne sich auch nicht beherrschen. Die Leute sind unlogisch, dachte Jenny. Sie wusste, dass sie noch viel Zeit hatte, um schwanger zu werden. Sie hatte es nicht eilig. Es war einfach Teil eines langfristigen Plans.

Inzwischen war Krieg. Auf der Intensivstation bekam sie davon etwas mehr zu sehen. Die Lazarette schickten ihnen ihre Härtefälle, und das waren immer die hoffnungslosen Fälle. Es gab die üblichen älteren Patienten, die an den üblichen Schläuchen hingen; es gab die üblichen Arbeitsunfälle und Autounfälle und die schrecklichen Unfälle von Kindern. Aber hauptsächlich waren Soldaten auf der Station. Was ihnen widerfuhr, war kein Unfall.

Jenny unterteilte die Nichtunfälle, die den Soldaten widerfuhren, auf ihre eigene Weise und erfand ihre eigenen Kategorien für sie.

1. Männer mit Verbrennungen; die meisten hatten sich die Verbrennungen an Bord eines Schiffes zugezogen (die kompliziertesten Fälle kamen vom Chelsea Naval Hospital), manche aber auch in Flugzeugen oder am Boden. Jenny nannte sie »die Äußerlichen«.

2. Männer mit Schusswunden oder Verletzungen an gefährlichen Stellen; sie hatten *innere* Schwierigkeiten, und Jenny nannte sie »die lebenswichtigen Organe«.

3. Männer, deren Verletzungen Jenny beinahe mystisch vorkamen; es waren Männer, die nicht mehr »da« waren, deren Köpfe oder Wirbelsäulen irgendwie in Mitleidenschaft gezogen waren. Manchmal waren sie gelähmt, manchmal dämmerten sie einfach dahin. Jenny nannte sie »die Abwesenden«. Manchmal hatte einer der Abwesenden auch äußerliche Verletzungen oder Schäden an lebenswichtigen Organen; das ganze Krankenhaus hatte einen Namen für sie:

4. Sie waren »die Halbtoten«.

»Mein Vater«, schrieb Garp, »war ein ›Halbtoter‹. Das muss ihn für meine Mutter sehr attraktiv gemacht haben. Ohne Haken und Ösen.«

Garps Vater hatte als Kugelturmschütze am Himmel über Frankreich einen dieser Unfälle gehabt, die keine waren.

»Der Kugelturmschütze«, schrieb Garp, »war das Mitglied der Bomberbesatzung, das dem vom Boden kommenden Flugabwehrfeuer am meisten ausgesetzt war. Dieses Feuer hieß Flak; Flakgeschosse sahen für den Kugelturmschützen oft wie hochgeschleuderte Tintentropfen aus, die sich am Himmel ausbreiteten, als wäre der Himmel ein Blatt Löschpapier. Der kleine Mann (denn weil er klein war, passte er besser in den unteren Geschützturm hinein) kauerte mit seinen Maschinengewehren in seinem beengten Nest – einem Kokon, in dem er einem in Plexiglas gegossenen Insekt glich. Der Geschützturm war eine Metallkugel mit einem gläsernen Bullauge; er saß wie ein aufgeblähter Nabel am Rumpf einer B-17, wie eine Zitze am Bauch des Bombers. In dieser winzigen Kuppel waren zwei Maschinengewehre und jener kleine, schmale Mann, der auf Jagdflugzeuge, die seinen Bomber angriffen, zielen sollte. Wenn sich der Geschützturm bewegte, drehte sich der Turmschütze mit. In dem Turm befanden sich Holzgriffe mit Knöpfen daran, um mit den Maschinengewehren zu feuern. Wenn er die Abzugshebel umklammert hielt, sah der Kugelturmschütze wie ein gefährlicher Fötus aus, der in der widersinnig exponierten Fruchtblase des Bombers hing und seine Mutter schützte. Mit den Griffen konnte man auch den Geschützturm steuern, aber nur bis zu einem bestimmten Punkt, damit der Turmschütze nicht die Propeller vorne abschoss. »Da der Himmel *unter* ihm war, muss sich der Turmschütze besonders ausgesetzt vorgekommen sein, wie ein Appendix. Bei der Landung wurde der Geschützturm eingefahren – normalerweise. Ein *nicht* eingefahrener Geschützturm schlug unweigerlich Funken auf der alten Piste – wie ein herunterhängendes Auspuffrohr eines Autos auf der Straße.«

Technical Sergeant Garp, der »halbtote« Schütze, dessen Vertrautheit mit dem gewaltsamen Tod jeder Beschreibung spottet, diente bei der Achten Luftflotte – der Luftflotte, die von England aus den Kontinent bombardierte. Sergeant Garp hatte bereits Erfahrung als Bugschütze in der B-17C und als Rumpfschütze im mittleren Teil der B-17E, bevor sie ihn zum Kugelturmschützen machten.

Garp mochte die Bordgeschütze im mittleren Teil der

B-17E nicht. Dort mussten sich zwei Seitenschützen in den Rumpf des Bombers zwängen: Ihre Fenster lagen einander gegenüber, und Garp bekam jedes Mal mit dem Ellbogen einen Schlag ans Ohr, wenn sein Kamerad sein MG in dem Augenblick schwenkte, in dem Garp sich mit seinem bewegte. Aus genau diesem Grund waren in späteren Modellen die Fenster der Rumpfschützen versetzt angeordnet. Doch diese Neuerung kam für Sergeant Garp zu spät.

Sein erster Feindflug war ein Tageseinsatz auf einer B-17E gegen Rouen am 17. August 1942, bei dem es keine Verluste gab. Technical Sergeant Garp bekam von seinem Kameraden einen Schlag ans linke und zwei ans rechte Ohr. Das Problem war auch, dass der andere Schütze so viel größer war als Garp; die Ellbogen des Mannes waren auf gleicher Höhe wie Garps Ohren.

An jenem ersten Tag über Rouen saß im unteren Geschützturm ein Mann namens Fowler, der sogar noch kleiner war als Garp. Fowler war vor dem Krieg Jockey gewesen. Er war ein besserer Schütze als Garp, aber der Geschützturm war Garps größter Wunsch. Garp war Waise, muss aber gern allein gewesen sein, und er wollte sich der Nähe und den Ellbogenstößen des anderen Schützen im Rumpf irgendwie entziehen. Wie viele Bordschützen träumte natürlich auch Garp davon, nach seinem fünfzigsten oder fünfundfünfzigsten Einsatz zur Zweiten Luftflotte – dem Bomber-Ausbildungskommando – versetzt zu werden, wo er sich als Bordschützenausbilder zur Ruhe setzen konnte. Aber bis Fowler ums Leben kam, beneidete Garp ihn um seinen abgeschiedenen Posten, um seine Jockey-Einsamkeit.

»Ein mieses Loch, wenn du viel furzt«, behauptete Fowler, ein Zyniker, der einen trockenen irritierenden Husten und einen üblen Ruf bei den Krankenschwestern des Feldlazaretts hatte.

Fowler kam bei einer Bruchlandung auf einer ungepflasterten Straße ums Leben. Ein Schlagloch hatte die Fahrgestellstreben abgerissen, das ganze Fahrgestell brach zusammen, und der Bomber machte eine harte Bauchlandung, die den Geschützturm mit der Wucht eines auf eine Weintraube fallenden Baumes zerquetschte. Fowler, der immer gesagt hatte, er habe mehr Vertrauen zu Maschinen als zu Pferden oder Menschen, hockte in dem nicht eingefahrenen Geschützturm, als das Flugzeug darauf landete. Die Rumpfschützen, darunter Sergeant Garp, sahen seine Überreste unter dem Bauch des Bombers hervorspritzen. Der Staffeladjutant, der am Boden dem Geschehen der Nächste war, übergab sich in seinem Jeep. Der Staffelkommandeur brauchte nicht erst die offizielle Bestätigung von Fowlers Tod abzuwarten, um ihn durch den zweitkleinsten Bordschützen der Staffel zu ersetzen. Der winzige Technical Sergeant Garp hatte schon immer Kugelturmschütze werden wollen. Im September 1942 war es so weit.

»Meine Mutter war auf Details versessen«, schrieb Garp. Wenn ein Verwundeter eingeliefert wurde, war Jenny Fields die Erste, die den Arzt fragte, wie es passiert sei. Und Jenny ordnete sie stillschweigend ein: die Äußerlichen, die lebenswichtigen Organe, die Abwesenden und die Halbtoten. Und sie dachte sich kleine Eselsbrücken für die Namen der Männer und ihre jeweiligen Missgeschicke aus.

So zum Beispiel: Schütze Rochen brach sich die Knochen, Sergeant Potter landete auf Schotter, Corporal Soden verlor seine Hoden, Captain Stout verbrannte die Haut, Major Longfellow hat ein kurzes Gedächtnis.

Sergeant Garp jedoch war ein Rätsel. Bei seinem fünfunddreißigsten Flug über Frankreich hörte der kleine Turmschütze plötzlich auf zu schießen. Dem Piloten fiel auf, dass der Geschützturm nicht mehr feuerte, und er dachte, Garp habe einen Treffer abbekommen. Davon hatte der Pilot am Rumpf seines Flugzeugs allerdings nichts gemerkt. Er hoffte, Garp habe es auch nicht sehr gemerkt. Nach der Landung verfrachtete der Pilot Garp schnell in den Motorrad-Beiwagen eines Feldarztes – die Krankenwagen waren alle im Einsatz. Sobald er in dem Beiwagen saß, begann der winzige Sergeant, an sich herumzuspielen. Der Pilot klappte den Wetterschutz aus Segeltuch über den Beiwagen. Die Haube hatte ein Seitenfenster, durch das der Arzt, der Pilot und die umstehenden Männer Garp beobachten konnten. Dafür, dass er so klein war, schien er eine außerordentlich große Erektion zu haben, aber er hantierte kaum geschickter daran herum als ein kleiner Junge – nicht halb so geschickt wie ein Affe im Zoo. Doch wie ein Affe schaute Garp aus seinem Käfig und starrte ohne Scham in die Gesichter der Umstehenden.

»Garp?«, sagte der Pilot. Garps Stirn war mit mehr oder weniger getrocknetem Blut gesprenkelt, aber seine Fliegermütze klebte oben an seinem Schädel und tropfte; sonst schien er nicht verletzt zu sein. »Garp!«, schrie der Pilot ihn an. An der Stelle, wo in der Metallkugel die Maschinengewehre gewesen waren, klaffte ein Riss. Augenscheinlich hatte eine Flakgranate die Läufe der Maschinengewehre getroffen und dabei den Turm aufgerissen und sogar die Griffe mit den Knöpfen gelöst, obwohl Garps Händen nichts fehlte – außer etwas Geschick beim Masturbieren.

»Garp!«, rief der Pilot.

»Garp?«, sagte Garp. Er äffte den Piloten nach wie ein gelehriger Papagei oder eine Krähe. »Garp«, sagte Garp, als hätte er das Wort gerade neu gelernt. Der Pilot nickte Garp zu, als wollte er ihn ermuntern, sich seinen Namen zu merken. Garp lächelte. »Garp«, sagte er. Offenbar dachte er, dass man sich so begrüßte. Nicht guten Tag, guten Tag – sondern Garp, Garp!

»Du liebe Güte, Garp«, sagte der Pilot. Im Bullauge des Geschützturms waren ein paar Löcher und Risse zu sehen gewesen. Der Arzt öffnete jetzt den Reißverschluss am Seitenfenster der Beiwagenhaube und sah Garp in die Augen. Irgendetwas stimmte nicht mit Garps Augen: Sie verdrehten sich unabhängig voneinander. Wahrscheinlich, dachte der Arzt, fuhr für Garp die Welt Karussell – falls Garp überhaupt noch etwas sehen konnte. Zu diesem Zeitpunkt konnten der Pilot und der Arzt noch nicht wissen, dass bei der Explosion der Granate ein paar scharfe Splitter den Nervus oculomotorius in Garps Gehirn – und nicht nur diesen Teil seines Gehirns – beschädigt hatten. Der Oculomotorius besteht hauptsächlich aus motorischen Fasern, die die Muskulatur des Augapfels mit Nervenreizen versorgen. Davon abgesehen hatte Garps Gehirn einige Schnitte und Stiche abbekommen, die stark an eine – wenn auch ziemlich verpfuschte – präfrontale Lobotomie erinnerten.

Weil sich der Arzt große Sorgen machte, *wie* pfuscherhaft die Lobotomie an Sergeant Garp ausgefallen war, beschloss er, die blutgetränkte Fliegermütze nicht abzunehmen, die an Garp klebte und ihm in die Stirn hing, wo sie auf einer dicken, glänzenden Beule auflag, die sich jetzt dort bildete. Alle hielten Ausschau nach dem Fahrer des Arztes, aber der Fahrer war weg, er übergab sich irgendwo, und der Arzt sagte sich, dass er jemanden finden musste, der sich zu Garp in den Beiwagen setzte, während er selbst das Motorrad steuerte.

»Garp?«, sagte Garp zu dem Arzt, um sein neues Wort auszuprobieren.

»Garp«, bestätigte der Arzt. Garp schien erfreut. Mit beiden kleinen Händen an seinem eindrucksvoll erigierten Penis hatte das Masturbieren schließlich Erfolg.

»Garp!«, entfuhr es ihm. In seiner Stimme schwangen Freude, aber auch Überraschung mit. Er verdrehte die Augen zu seinem Publikum und flehte die Welt an, vor ihm zu erscheinen und stillzustehen. Er wusste nicht recht, was er gemacht hatte. »Garp?«, fragte er voller Zweifel.

Der Pilot tätschelte seinen Arm und nickte den anderen Männern von der Flug- und Bodencrew zu, als wollte er sagen: Kommt, Leute, wir helfen dem Sergeant ein bisschen. Er soll sich wie zu Hause fühlen. Und in ehrfürchtigem Respekt vor Garps Ejakulation sagten die Männer alle »Garp! Garp! Garp!« zu ihm – ein beruhigender Robbenchor, bemüht, Garp zu besänftigen.

Garp nickte glücklich, aber der Arzt fasste ihn am Arm und flüsterte ihm besorgt zu: »Nein! Nicht den Kopf bewegen, okay, Garp? Bewegen Sie bitte nicht den Kopf!« Garps Augen wanderten an dem Piloten und dem Arzt vorbei, die darauf warteten, dass sie wieder zu ihnen zurückkamen. »Tun Sie gar nichts, Garp«, flüsterte der Pilot. »Einfach nur still sitzen, okay?«

Garps Gesicht strahlte reinen Frieden aus. Mit seinen beiden Händen, die seinen erschlaffenden Penis hielten, wirkte der kleine Sergeant, als hätte er genau das getan, was die Situation erforderte.

In England konnte man nichts für Sergeant Garp tun. So hatte er das Glück, dass er lange vor Kriegsende nach Boston heimtransportiert wurde. Im Grunde hatte er das irgendeinem Senator zu verdanken. In einem Leitartikel einer Bostoner Zeitung hatte es geheißen, die us-Navy bringe nur solche Verwundeten in die Heimat zurück, die aus wohlhabenden und angesehenen amerikanischen Familien stammten. Um dieses gemeine Gerücht zu zerstreuen, behauptete ein Senator, dass, sofern Schwerverwundete *überhaupt* das Glück hätten, nach Amerika zurückzukommen, »darunter sogar eine *Waise* sein könne – genau wie jeder andere«. Dann gab es einige Aufregung – es galt, eine verwundete Waise aufzutreiben, um die Worte des Senators in die Tat umzusetzen. Aber schließlich fand man den idealen Mann.

Technical Sergeant Garp war nicht nur Vollwaise – er war auch schwachsinnig, und sein Vokabular bestand aus einem einzigen Wort, sodass er sich nicht gegenüber der Presse äußern konnte. Und auf allen Fotos lächelte der Turmschütze Garp.

Als der sabbernde Sergeant ins Boston Mercy eingeliefert wurde, hatte Jenny Fields Mühe, ihn einzuordnen. Er war eindeutig ein »Abwesender«, fügsamer als ein Kind, aber sie wusste nicht genau, was ihm sonst noch alles fehlte.

»Hallo. Wie geht es Ihnen?«, fragte sie ihn, als man ihn – er grinste – auf die Station schob.

»Garp!«, entfuhr es ihm. Der Oculomotorius war teilweise wiederhergestellt, und seine Augen hüpften jetzt eher, als dass sie sich verdrehten, aber seine Hände steckten in Gazefäustlingen – Garp hatte mit dem Feuer gespielt, das in der Krankenstation des Truppentransportschiffs ausgebrochen war. Er hatte die Flammen gesehen und die Hände nach ihnen ausgestreckt und einige Flammen zu seinem Gesicht hochgewedelt. Dabei hatte er sich die Augenbrauen versengt. Auf Jenny wirkte er wie eine rasierte Eule.

Mit den Verbrennungen war Garp gleichzeitig ein »Äußerlicher« und ein »Abwesender«. Außerdem konnte er, da seine Hände dick verbunden waren, nicht mehr masturbieren, was er, wie aus seinem Krankenblatt hervorging, häufig und mit Erfolg – und ohne jede Befangenheit – getan hatte. Diejenigen, die ihn seit seinem Unfall bei dem Schiffsbrand genauer beobachtet hatten, fürchteten, der kindliche Bordschütze werde in Depressionen versinken – weil ihm sein einziges Erwachsenenvergnügen genommen war, wenigstens bis seine Hände verheilten.

Es war natürlich möglich, dass Garp auch Schäden an »lebenswichtigen Organen« davongetragen hatte. Viele Splitter waren in seinen Kopf eingedrungen; etliche steckten an zu heiklen Stellen, als dass man sie hätte entfernen können. Womöglich war nicht nur sein Gehirn durch die rabiate Lobotomie beschädigt; womöglich schritt die Zerstörung in seinem Inneren fort.

»Unser allgemeiner Verfall«, schrieb Garp, »ist auch ohne Flakeinwirkung auf unseren Organismus schon kompliziert genug.«

Vor Sergeant Garp hatte es schon einmal einen Patienten mit ähnlich vielen Splittern im Schädel gegeben. Monatelang war es ihm gut gegangen – nur dass er Selbstgespräche führte und gelegentlich ins Bett pinkelte. Dann fielen ihm plötzlich die Haare aus, und er brachte seine Sätze nicht mehr zu Ende. Kurz vor seinem Tod waren ihm weibliche Brüste gewachsen.

Die Schatten und die weißen Nadeln auf den Röntgenbildern und alle anderen Anzeichen sprachen dafür, dass der Turmschütze Garp wahrscheinlich ein »Halbtoter« war. Aber in Jenny Fields' Augen sah er sehr nett aus. Der ehemalige Kugelturmschütze, ein kleiner, properer Mann, war so unschuldig und geradeheraus in seinen Bedürfnissen wie ein Zweijähriger. Er rief »Garp!«, wenn er Hunger hatte, und »Garp!«, wenn er sich freute; er fragte »Garp?«, wenn ihn etwas verwirrte oder wenn er sich an Fremde wandte, und er sagte »Garp« ohne Fragezeichen, wenn er einen wiedererkannte. Meistens machte er, was man ihm sagte, aber es war kein Verlass auf ihn; er vergaß leicht, konnte manchmal so folgsam sein wie ein Sechsjähriger und war ein andermal so unbekümmert neugierig, als wäre er erst anderthalb.

Die Depressionen, die in seinen Begleitpapieren genau dokumentiert waren, schienen zeitlich mit seinen Erektionen zusammenzufallen. In diesen Augenblicken klemmte er seinen armen erwachsenen Peter zwischen seine gazigen, in Fäustlinge gehüllten Hände und weinte. Er weinte, weil die Gaze sich nicht so gut anfühlte wie die kurze Erinnerung an seine Hände und weil ihm die Hände wehtaten, wenn er etwas berührte. In solchen Augenblicken setzte sich Jenny Fields zu ihm. Sie massierte ihm den Rücken zwischen den Schulterblättern, bis er den Kopf wie eine Katze in den Nacken legte, und redete unablässig mit einer freundlichen Stimme voll lebhafter Modulationen auf ihn ein. Die meisten Schwestern leierten ihren Patienten etwas vor – mit einer gleichmäßigen, monotonen Stimme, die einschläfernd wirken sollte. Aber Jenny wusste, dass Garp etwas anderes brauchte als Schlaf. Sie wusste, dass er noch ein Baby war und sich langweilte – er brauchte ein bisschen Ablenkung. Also lenkte Jenny ihn ab. Sie stellte ihm das Radio an, aber manche Sendungen regten Garp auf – niemand wusste, warum. Andere lösten bei ihm gewaltige Erektionen aus, die wiederum zu Depressionen führten, und so fort. Eine Sendung, nur eine einzige, schenkte Garp einen feuchten Traum, der ihn so überraschte und erfreute, dass er immer darauf brannte, das Radio zu *sehen*. Aber Jenny konnte die Sendung nicht wiederfinden, die Sache ließ sich nicht wiederholen. Sie wusste, wenn sie den armen Garp an die Traumsendung anschließen könnte, würden ihre Arbeitstage und sein Leben sehr viel glücklicher verlaufen. Aber so einfach war das nicht.

Sie gab ihre Bemühungen auf, ihm ein neues Wort beizubringen. Wenn sie ihn fütterte und sah, dass ihm das Essen schmeckte, sagte sie: »Gut! Das ist *gut!*«

»Garp!«, stimmte er ihr zu.

Und wenn er Essen auf seinen Latz spuckte und das Gesicht verzog, sagte sie: »Schlecht! Das Zeug schmeckt *schlecht,* nicht wahr?«

»Garp!«, würgte er.

Das erste Anzeichen, dass es mit ihm bergab ging, sah Jenny darin, dass er das *G* zu verlieren schien. Eines Morgens begrüßte er sie mit einem »Arp«.

»Garp«, sagte sie nachdrücklich zu ihm. »G-arp.«

»Arp«, sagte er. Da wusste sie, dass sie ihn verlor.

Täglich schien er jünger zu werden. Im Schlaf knetete er mit seinen zappelnden Fäusten die Luft, seine Lippen spitzten sich, seine Wangen machten saugende Bewegungen, und seine Augenlider zitterten. Jenny hatte viel Zeit mit Neugeborenen verbracht – sie wusste, dass der Turmschütze in seinen Träumen an der Mutterbrust lag. Eine Zeit lang erwog sie, einen Schnuller in der Entbindungsstation zu stehlen. Aber von der Station hielt sie sich mittlerweile fern; die Witze irritierten sie (»Da kommt Jungfrau Maria-Jenny und klaut einen Gumminippel für ihr Kind. Wer ist denn der glückliche Vater, Jenny?«). Sie sah zu, wie Sergeant Garp im Schlaf nuckelte, und versuchte, sich vorzustellen, dass seine letzte Regression friedlich verlaufen würde, dass er in sein Embryonalstadium zurückkehren und nicht mehr mit der Lunge atmen würde; dass seine Persönlichkeit sich selig spalten und dass die eine Hälfte dann von einem Ei und die andere von Sperma träumen würde. Schließlich würde er einfach nicht mehr *sein*.

Fast so war es dann auch. Garps Stillphase war schließlich so ausgeprägt, dass er wie ein Säugling alle vier Stunden aufwachte; er schrie sogar wie ein Baby mit hochrotem Gesicht, vergoss in einem Moment Tränen und ließ sich im nächsten wieder beruhigen – vom Radio, von Jennys Stimme. Einmal, als sie ihm den Rücken massierte, machte er ein Bäuerchen. Jenny brach in Tränen aus. Sie saß an seinem Bett und wünschte ihm eine schnelle, schmerzlose Reise zurück in den Mutterschoß und weiter.

Wenn seine Hände doch nur heilen würden, dachte sie, dann könnte er wenigstens am Daumen lutschen. Wenn er aus seinen Saugträumen erwachte und hungrig war oder sich einbildete, hungrig zu sein, hielt Jenny ihm einen Finger an den Mund und ließ seine Lippen daran nuckeln. Obwohl er richtige ausgewachsene Zähne hatte, war er *im Geist* zahnlos, und nie biss er sie. Diese Beobachtung bewog Jenny eines Nachts, ihm die Brust zu geben. Er saugte unermüdlich, und es schien ihn nicht zu stören, dass dort nichts zu holen war. Jenny dachte, dass sie, wenn er weiterhin ihre Brust nahm, Milch haben *würde;* sie spürte ein starkes Ziehen in ihrem Schoß, das nicht nur mütterlich, sondern auch sexuell war. Ihre Gefühle waren so intensiv – sie glaubte eine Zeit lang, sie könne vielleicht ein Kind *empfangen,* indem sie den Baby-Turmschützen einfach nur stillte.

Fast so war es dann auch. Aber Bordschütze Garp war nicht *ganz* Baby. Eines Nachts, während er an ihrer Brust lag, bemerkte Jenny, dass er eine Erektion hatte – eine Erektion, dass sich die Decke hob; mit seinen unbeholfenen verbundenen Händen erregte er sich und wimmerte vor Enttäuschung, während er hungrig wie ein Wolf an ihrer Brust sog. Und so half sie ihm eines Nachts; mit ihrer kühlen, gepuderten Hand fasste sie ihn an. Er hörte auf, an ihrer Brust zu saugen, und rieb einfach nur den Mund an ihr.

»Ar«, stöhnte er. Er hatte das *p* verloren.

Einst ein Garp, dann ein Arp, jetzt nur noch ein Ar; sie

wusste, dass er starb. Er hatte nur noch einen Vokal und einen Konsonanten übrig.

Als er kam, fühlte sie seinen Erguss nass und heiß in ihrer Hand. Unter der Decke roch es wie in einem Treibhaus im Sommer, absurd fruchtbar – unkontrolliertes Wachstum. Als könnte man dort *alles* einpflanzen, und es würde gedeihen. Bei Garps Sperma musste Jenny Fields denken: Wenn man ein wenig davon in einem Treibhaus verspritzte, würden *Kinder* aus der Erde sprießen.

Jenny ließ sich die Sache vierundzwanzig Stunden durch den Kopf gehen.

»Garp?«, flüsterte Jenny.

Sie knöpfte das Oberteil ihres Schwesternkittels auf und holte ihre Brüste heraus, die sie immer zu groß gefunden hatte. »Garp?«, flüsterte sie ihm ins Ohr. Seine Augenlider flatterten, seine Lippen kamen näher. Um sie herum hing ein weißes Laken, ein Vorhang an Schienen, der sie von der übrigen Station trennte. Links von Garp lag ein »Äußerlicher« – Opfer eines Flammenwerfers, glitschig vor Salbe, in Mull gehüllt. Er hatte keine Augenlider mehr, sodass er immer alles zu beobachten schien, war aber blind. Jenny zog die klobigen Schwesternschuhe aus, löste die weißen Strümpfe, schlüpfte aus dem Kittel. Sie legte einen Finger an Garps Lippen.

Auf der anderen Seite von Garps weiß verhängtem Bett lag ein »lebenswichtiges Organ«, das sich zum »Abwesenden« entwickelte. Der Mann hatte einen Großteil seines Dickdarms und sein Rektum eingebüßt; jetzt machte ihm die eine Niere zu schaffen, und seine Leber trieb ihn zum

Wahnsinn. Er hatte schreckliche Albträume, in denen er zwanghaft versuchte, zu urinieren und seinen Darm zu entleeren, obwohl das für ihn der Geschichte angehörte: In Wirklichkeit merkte er gar nicht mehr, wenn er etwas davon machte, denn er machte es durch Schläuche in Gummibeutel. Er stöhnte oft und anders als Garp mit vollständigen Worten.

»Scheiße«, stöhnte er.

»Garp?«, flüsterte Jenny. Sie schlüpfte aus ihrem Slip, nahm ihren Büstenhalter ab und schlug die Decke zurück.

»Jesus«, hauchte der »Äußerliche«; seine Lippen waren mit Brandblasen bedeckt.

»Gottverdammte Scheiße!«, brüllte das »lebenswichtige Organ«.

»Garp«, sagte Jenny Fields. Sie nahm seinen erigierten Penis und hockte sich rittlings auf ihn.

»Aaa«, machte Garp. Auch das *r* war weg. Er war auf einen einzigen Vokal angewiesen, um seine Freude oder Trauer auszudrücken. »Aaa«, machte er, als Jenny ihn in sich einführte und sich mit ihrem ganzen Gewicht auf ihn setzte.

»Garp?«, fragte sie. »Okay, Garp? Ist es gut, Garp?«

»*Gut*«, stimmte er klar und deutlich zu. Aber es war nur ein Wort aus seinem zerstörten Gedächtnis, das einen Moment lang freigelegt wurde, als er in ihr kam. Es war das erste und letzte richtige Wort, dass Jenny Fields ihn sprechen hörte: gut. Als er erschlaffte und sein Lebenssaft aus ihr heraussickerte, war er wieder auf Aaas reduziert, er schloss die Augen und schlief ein. Als Jenny ihm die Brust geben wollte, hatte er keinen Hunger.

»Gott!«, rief der »Äußerliche«, wobei er sehr vorsichtig mit den *t* umging; auch seine Zunge hatte Brandwunden.

»Pisse!«, zischte das »lebenswichtige Organ«.

Jenny Fields wusch Garp und sich mit warmem Wasser aus einer weißen Emailleschüssel und Seife. Die Frauendusche würde sie selbstverständlich nicht benutzen, und sie zweifelte nicht daran, dass der Zauber gewirkt hatte. Sie fühlte sich empfänglicher als frisch gepflügter Boden – die genährte Erde –, und sie hatte gespürt, wie Garp sich in ihr so reichlich ergoss wie ein Wasserschlauch im Sommer (als könnte er einen Rasen sprengen).

Sie machte es kein zweites Mal mit ihm. Dafür gab es keinen Grund. Es machte ihr keinen Spaß. Von Zeit zu Zeit half sie ihm mit der Hand, und wenn er danach schrie, gab sie ihm die Brust. Aber nach ein paar Wochen hatte er keine Erektionen mehr. Als sie ihm die Verbände von den Händen abnahmen, stellten sie fest, dass selbst der Heilungsprozess rückwärts zu laufen schien; sie wickelten sie wieder ein. Er verlor jedes Interesse an ihrer Brust. Seine Träume kamen Jenny vor wie Träume, die ein Fisch haben mochte. Er war wieder im Mutterleib, Jenny wusste es; er nahm wieder eine embryonale Haltung ein – rollte sich in der Mitte des Bettes zusammen. Er gab keinen Laut mehr von sich. Eines Morgens beobachtete Jenny, wie er mit seinen kleinen kraftlosen Füßen strampelte; sie bildete sich ein, *in sich* ein Treten zu spüren. In Wirklichkeit war es noch zu früh dafür, sicher, aber sie wusste, dass es angefangen hatte.

Bald hörte Garp auch auf zu strampeln. Er kam immer noch zu seinem Sauerstoff, indem er Luft in die Lunge einatmete, aber Jenny wusste, dass dies nur ein Beweis für die menschliche Anpassungsfähigkeit war. Er wollte nicht mehr essen; man musste ihn intravenös ernähren – so hing er wieder an einer Nabelschnur. Jenny sah seiner letzten Phase mit einiger Sorge entgegen. Würde es am Ende einen Kampf geben, ähnlich dem verzweifelten Kampf des Samens? Würde das Sperma sich ablösen und das nackte Ei sehnsüchtig auf den Tod warten? Wie würde sich die Seele bei der Rückreise des kleinen Garp am Ende aufspalten? Aber die Phase ging vorbei, ohne dass Jenny sie überhaupt bemerkte. Eines Tages, als sie freihatte, starb Technical Sergeant Garp.

»Wann *sonst* hätte er sterben können?«, schrieb Garp. »Er konnte sich nur davonstehlen, während meine Mutter dienstfrei hatte.«

»Natürlich *fühlte* ich etwas, als er starb«, schrieb Jenny Fields in ihrer berühmten Autobiografie. »Aber das Beste von ihm war in mir. Es war für uns beide das Beste, die einzige Möglichkeit, wie er weiterleben konnte, die einzige Art, wie ich ein Kind bekommen wollte. Dass der Rest der Welt das für einen unmoralischen Akt hält, beweist mir nur, dass der Rest der Welt die Rechte des Einzelnen nicht respektiert.«

Es war 1943. Als Jennys Schwangerschaft unübersehbar war, verlor sie ihre Stellung. Genau damit hatten ihre Eltern und Brüder natürlich gerechnet; sie waren nicht überrascht. Jenny hatte schon lange alle Versuche aufgegeben, sie von ihrer Reinheit zu überzeugen. Wie ein zufriedener Geist bewegte sie sich durch die geräumigen Flure ihres Elternhauses in Dog's Head Harbor. Ihre Gelassenheit irritierte ihre Familie, und man ließ sie in Ruhe. Insgeheim war Jenny ganz glücklich, doch bei all den vielen Gedanken, die sie sich über das Kind, das sie erwartete, gemacht haben muss, verwundert es, dass sie nie über einen Namen nachdachte.

Denn als Jenny Fields schließlich einen acht Pfund schweren Jungen zur Welt brachte, hatte sie keinen Namen parat. Jennys Mutter fragte sie, wie sie ihn nennen wolle. Aber Jenny hatte gerade erst entbunden und ein Beruhigungsmittel bekommen; sie war nicht sehr gesprächsbereit.

»Garp«, sagte sie.

Ihr Vater, der Schuhkönig, dachte, sie hätte gerülpst, aber ihre Mutter flüsterte ihm zu: »Er heißt *Garp.*«

»Garp?«, sagte er. Sie wussten, dass sie so vielleicht herausfinden konnten, wer der Vater des Kindes war. Jenny hatte natürlich kein Sterbenswörtchen gesagt.

»Krieg raus, ob das der Vorname oder der Nachname von dem Mistkerl ist«, flüsterte Jennys Vater Jennys Mutter zu.

Jenny war sehr schläfrig. »Garp«, sagte sie. »Einfach Garp. Das ist alles.«

»Ich glaube, es ist ein Nachname«, erklärte Jennys Mutter Jennys Vater.

»Und der *Vor*name?«, fragte Jennys Vater verärgert.

»Den habe ich nie erfahren«, murmelte Jenny. Das stimmte; sie kannte ihn nicht.

»Sie hat seinen Vornamen nie erfahren!«, brüllte ihr Vater.

»Bitte, Liebes«, sagte ihre Mutter. »Er *muss* doch einen Vornamen haben.«

»Technical Sergeant Garp«, sagte Jenny Fields.

»Ein gottverdammter Soldat, ich hab's ja gewusst!«, sagte ihr Vater.

»Technical Sergeant?«, fragte Jennys Mutter sie.

»T. S.«, sagte Jenny Fields. »T. S. Garp. So soll mein Kind heißen.« Sie schlief ein.

Ihr Vater tobte vor Wut. »T. S. Garp!«, brüllte er. »Was soll *das* für ein Name sein?«

»Sein ganz persönlicher Name«, erklärte Jenny ihm später. »Es ist sein *eigener* gottverdammter und ganz persönlicher Name.«

»Es hat viel Spaß gemacht, mit einem solchen Namen zur Schule zu gehen«, schrieb Garp. »Die Lehrer fragten immerzu, wofür die Initialen standen. Anfangs sagte ich, es seien *nur* Initialen, aber sie glaubten mir nie. Also musste ich sagen: ›Fragen Sie meine Mom. Sie sagt es Ihnen.‹ Und das taten sie. Und die gute alte Jenny sagte ihnen gründlich die Meinung.«

So wurde der Welt T. S. Garp beschert: geboren von einer guten Krankenschwester mit starkem Willen und mit dem Samen eines Kugelturmschützen – seinem letzten Schuss.

PATRICIA HIGHSMITH

Die stille Mitte der Welt

Unten im Süden der West Side gibt es einen kleinen Park, kaum größer als ein begrünter Platz, der fast immer menschenleer ist. Ein niedriger Eisenzaun um ihn herum hebt ihn ab von dem Parkplatz eines Gebrauchtwagenhändlers, von einem großen roten Backsteingebäude, das eine Art Notfallklinik zu beherbergen scheint, und von den schmucklosen grauen Rückseiten der heruntergekommenen Apartmenthäuser in diesem Block. An idyllischen Stellen der zwei gewundenen betonierten Wege, auf denen man ihn betreten kann und die sich in seiner Mitte an einem Trinkbrunnen aus Beton treffen, aus dem unablässig ein paar Zentimeter kühlen Wassers sprudeln, sind drei oder vier Sitzbänke aufgestellt.

Aus einer gewissen Entfernung glitzert der kleine Park wie eine smaragdgrüne Insel, wie eine strahlende, einladende Überraschung in einem Meer tristen Graus, wenn man von der Avenue aus hinschaut. Mrs. Robertson erblickte ihn eines Tages von einer Ecke der Castle Terrace Apartments drei Blocks entfernt, wo sie wohnte. An diesem Nachmittag nahm sie ihren kleinen Sohn Philip zum Spielen dorthin mit. Es war genau der richtige Ort für ihn, denn der niedrige Eisenzaun hielt ihn davon ab, wegzulaufen, sobald sie ihm den Rücken kehrte, und der Park war ruhig und sonnig, frei von Abfällen und von Leuten. Für einen städtischen Park war er zudem außergewöhnlich hübsch, als hätte die Gärtner beim Anlegen ein besonderer persönlicher Stolz beseelt. Das feine kurz geschorene Gras erstreckte sich bis in die äußersten Winkel der vier annähernd dreieckigen Rasenflächen. Sofern der Rasen nicht betreten werden sollte, gab es keine Schilder, die darauf hinwiesen. Gewiss bildete die unmittelbare Umgebung einen hässlichen Kontrast zur nahen Castle-Terrace-Anlage, doch das traf auf die Umgebung von Castle Terrace in jede Richtung zu. Der quadratische Apartmentblock erhob sich wie eine Ritterburg mitten im Land der Vasallen, wo noch die schäbigsten Läden und Kneipen liebedienerische Namen trugen wie King George, Taverne zur Krone, Belvedere Bar- und Grillroom, als wollten sie damit den Schutz des herrschaftlichen Hauses erheischen. Doch die einzigen Menschen, die Mrs. Robertson in der Nähe des Parks zu sehen bekam, waren Lastwagenfahrer, die eine Imbissbude einen Block weiter weg aufsuchten, und vereinzelte alte Männer in falsch zugeknöpften Mänteln, die vorbeischlurften und zu betrunken oder zu müde waren, um den Park eines Blicks zu würdigen. Mrs. Robertson las in ihrem Buch, bis sie es leid wurde, holte dann ihr Strickzeug hervor, und nach einer Weile saß sie nur da und träumte in der Stille vor sich hin. Sie überlegte die Frage, die sie für das Abendessen immer bis zuletzt offenließ, nämlich welches tiefgefrorene Gemüse sie auf dem Heimweg einkaufen wollte.

Sie hatte sich gerade für gewürfelte Möhren mit Erbsen entschieden, als eine junge Frau mit einem Kind in Philips Alter den Park betrat und sich auf eine der Bänke setzte.

Der kleine Junge war dunkelhaarig und hatte einen blau und weiß gemusterten Ball dabei, der Philips Interesse weckte.

Der dunkelhaarige kleine Junge kletterte über die Bögen der Drahtumzäunung auf den Rasen, auf dem Philip spielte. »Hallo«, sagte er.

»Hallo«, sagte Philip.

Keine Minute später spielten sie, Philip mit dem Ball und der dunkelhaarige kleine Junge mit Philips Dreirad. Es passte Mrs. Robertson nicht, dass Philip mit irgendeinem fremden Kind spielte, aber alles war so schnell gegangen, dass sie nicht eingreifen konnte. Ohnedies hatte sie beabsichtigt, in einer Viertelstunde zu gehen. Müßig betrachtete sie die andere Frau und vermutete sofort, dass sie nicht wohlhabend war und in einem der hässlichen Häuserblocks am Parkrand wohnte. Die Frau hatte sehr helles blondes Haar, das aber nicht gebleicht aussah, und war recht hübsch. Sie saß mit den Händen in den Taschen ihres schwarzen Kamelhaarmantels, die Knie aneinandergedrückt, fast als wäre ihr kalt, und sie kümmerte sich nicht viel um ihr Kind, dachte Mrs. Robertson, sofern es ihr Kind war. Sie starrte vor sich hin mit einem schwachen Lächeln auf den Lippen, als wäre sie in Gedanken weit weg.

Bald darauf erhob sich Mrs. Robertson, um Philip zu holen. Er und das dunkelhaarige Kind hatten sich so nett angefreundet, dass Philip zu weinen begann, als sie seine Hände von dem Ball löste und ihn samt Dreirad auf den Weg bugsierte. Mrs. Robertson und die blonde Frau tauschten ein Lächeln des Einverständnisses, wechselten aber kein Wort. Mrs. Robertson sprach nicht mit Fremden, und die andere Frau schien noch immer in ihre Träumerei versunken.

Am nächsten Nachmittag war die blonde junge Frau im Park, als Mrs. Robertson kam, in ihrem schwarzen Kamelhaarmantel auf derselben Bank und in der gleichen Haltung.

»Dickie!«, kreischte Philip, als er den kleinen Jungen erblickte, und seine Kleinkindstimme überschlug sich vor Freude.

Mrs. Robertson verspürte einen Stich der Überraschung, fast des Unbehagens, dass Philip den Namen des kleinen Jungen kannte. Sie beobachtete, wie Philip mit wackeligen Beinen den Weg entlang zu Dickie lief, der ihn mit strahlendem Lächeln erwartete und ihm seinen Ball mit beiden Armen entgegenstreckte. Philip lief ihm in die Arme, und seine stürmische Begrüßung warf ihn zu Boden, woraufhin beide hinter dem Ball herkrabbelten. In dem Augenblick, in dem beide zusammen waren, im Spielen wie zu einer Person zusammengeschmolzen, wurde Mrs. Robertson klar, was ihr Unbehagen verursacht hatte: Sie war sich nicht sicher, ob der kleine Junge reinlich war. Vielleicht hatte er sogar Ungeziefer im Haar. Bis vor Kurzem hatte Mrs. Robertson in einem Vorort von Philadelphia gewohnt, doch sie hatte von den unhygienischen Lebensbedingungen in den New Yorker Mietwohnungen gehört. Der dunkelhaarige kleine Junge sah in seinem rosa-weiß gestreiften Spielanzug sauber genug aus, doch schließlich konnte man nie wissen, was für Krankheiten Kinder aus solchen Wohnungen übertragen mochten, und Philip war nicht so widerstandsfähig wie ein Kind, das in einer solchen Umgebung aufgewachsen war. Sie würde aufpassen müssen, dass er nichts in den Mund nahm.

Mrs. Robertson nickte der blonden Frau lächelnd zu, als sie sich auf die Bank vom Vortag setzte. Die andere erwiderte den Gruß mit einem kaum merklichen Nicken, und über die kleinen Jungen hinweg, die auf dem Rasen spielten, nahm ihr Blick wieder seinen versonnenen Ausdruck an. Ihre Miene war so selbstvergessen, dass sie Mrs. Robertsons Neugier weckte. Ihr Lächeln deutete an, dass sie einem angenehmen und spannenden Schauspiel beiwohnte, das sich an einem bestimmten Ort zutrug. Sie war noch jung, vermutete Mrs. Robertson, vielleicht einundzwanzig oder zweiundzwanzig. Woran mochte sie denken, fragte sie sich. Und was musste ihr kleiner Sohn anstellen, damit sie auf ihn aufmerksam wurde? Auf der Bank jenseits des Weges, näher am Trinkbrunnen als Mrs. Robertson, wartete die junge blonde Frau auf ihren Geliebten. Sie dachte, was für ein herrlich sonniger, ruhiger Tag es war, und wünschte sich beinahe, dass diese Treffen in dem kleinen Park an Aprilnachmittagen alles wären, was sie erleben würde, erleben konnte oder erleben wollte. Sie dachte, dass eine bestimmte Stimmung jeden Nachmittag von ihr Besitz ergriff, wenn sie mit Dickie das Haus verließ, wenn sie die Sandsteintreppe hinunterging und die Wärme der Frühlingssonne und ihre gelassene Helligkeit auf sich spürte, bevor sie den Blick von Dickies Füßen heben und sich umsehen konnte. Die Straße, in der sie wohnte, war fast frei von Verkehr, und gegen zwei, drei Uhr nachmittags war es dort fast so ruhig wie in dem Park. Sie bestand aus zwei glatten, geraden Häuserzeilen aus braunem Sandstein, und selbst der blaugraue Streifen Straße zwischen ihnen war klar und deutlich zu sehen. Hie und da belebten eine weiße Milchflasche auf dem Fenstersims oder ein Paar Arme, die auf einem flach gedrückten Kissen ruhten, eines der Fenster. Über den Armen blickten resignierte und milde neugierige Augen her, voller Begierde auf jegliches Geschehen auf der Straße, das sich selten genug ereignete: eine Frau im Hauskleid, die eine weiße Promenadenmischung am Bordstein ausführte, ein einsames Kind, das seinen Ball gegen ein Straßenzeichen kickte, unter Umständen ein Junge, der einen klappernden Wäschekarren zog, eine vorüberhuschende Katze. Bis auf die Alten und vereinzelte Frauen war jedermann in der Arbeit. Wie ihr Ehemann Charles, der auf dem Broadway Busfahrer war, um acht Uhr morgens das Haus verließ und meistens erst nach fünf zurückkam. Für sie war die Straße sogar menschenleer, denn die Frau mit ihrem weißen Hund oder die Arme auf den vereinzelten Fenstersimsen kamen ihr nicht lebendig vor, wie sie sich lebendig fühlte. Sie konnte sich nicht vorstellen, dass sie alle wie sie den Frieden dieser Straße empfanden, einen ganz eigenen Frieden, der danach verlangte, wahrgenommen zu werden, oder auch nur seine blitzende nachmittägliche Sauberkeit im April. Die Frau mit dem Hund empfand nicht das, was sie empfand, wenn sie ihre Treppe zum Gehsteig hinunterkam, sie empfand nicht, dass der Nachmittag dort den Frauen gehörte, den Ehefrauen, die jetzt mit den Pflichten allein waren, über die sie nach eigenem Belieben verfügten, deren Zeiteinteilung sie mit der Flexibilität eines Frauentages verändern konnten, um eine Stunde vorverschieben oder hinausschieben oder sogar bis auf den nächsten Tag, ganz wie sie wollten – eine Welt der Frauen war die Straße mit ihren zwei, drei schmächtigen Bäumen in Eisenumzäunungen, deren spärliche Wipfel frisches Grün zeigten, die Straße mit ihrem unbenennbaren Frieden. Dennoch betrachtete sie sich nicht als gewöhnliche Hausfrau. Und die Ruhe der Straße oder die des Parks beseelte sie nicht an den Nachmittagen, an denen sie ihn erwartete, obwohl ihre Wahrnehmung dieser Ruhe von ihm abhing. An den Nachmittagen, an denen sie ihn erwartete, schaute sie über Straße und Park hinaus. Sie blickte nach Osten, wo die Straße in einem schroffen Gebäudewirrwarr verschwand, und stellte sich Lärm und Menschenmengen vor. Sie blickte nach Westen, und etwas in ihr bäumte sich auf beim Anblick des Flusskais und eines gedrungenen hohen Schiffsmasts, der als Kreuz wie ein machtvolles und mystisches Versprechen die rußige Gebäudefront der Dockanlagen überragte und den viereckigen Pfeiler, der die Nummer des Kais trug. Von diesem Kai aus, ganz nahe dem Ort, wo sie jede Nacht schlief, konnte sie an jeden Punkt der Welt aufbrechen, dachte sie. Und dann fragte sie sich, ob sie und Lance wirklich jemals an fremde Orte reisen würden. Wenn sie ihn fragte, antwortete er in so festem und überzeugtem Ton: »Aber gewiss doch. Warum nicht?«, dass sie ihm glaubte und nicht länger zweifelte. Hob die Frau mit dem Hund jemals den Blick bis zum Kai? Oder die Frau, die heute wieder in den Park gekommen war, die mit dem sauber gewaschenen und gekämmten kleinen Jungen, die sicher in Castle Terrace wohnte – überlief es sie jemals kalt beim Anblick und beim Geruch und bei den Geräuschen des Flusses? Aber sie hatte sicher schon die ganze Welt bereist und war so oft in Europa gewesen, dass sie wusste, wie alles aussah und was einen erwartete. Warum sollte sie zu dem Kai hinschauen?

Die blonde junge Frau sah sie jetzt an, wie sie dasaß, in ihrem Buch las und ab und zu aufblickte, um nach ihrem kleinen Sohn zu sehen. Was sollte einem in diesem Park schon passieren? Die Strickjacke, die sie über ihrem Kleid trug, hatte im Sonnenlicht die herrliche Farbe von Traubeneis, das man ins Licht hält. Kaschmir. Sie war jung, dachte sie, und wirkte nur älter, weil sie sich so gravitätisch benahm. Sie hatte sich nicht mit ihr unterhalten, vermutlich, weil sie sich für etwas Besseres hielt, aber ihr machte das nichts aus. Sie war nicht zum Reden aufgelegt. Sie war auch nicht zum Lesen aufgelegt. Sie hätte den ganzen Tag stillzufrieden auf ihrer Bank sitzen können, träumen und ins Leere schauen, über das Grün des Parks hinweg, das sich in ihren Augen spiegelte. Sie wartete auf Lance. Und konnte sie das in diesem Park nicht auch an den Tagen tun, an denen er nicht kommen konnte? Nach den hier verbrachten Stunden konnte sie ganz leise lächeln, als fände sie es amüsant, wenn Charles völlig betrunken und sehr aufgeräumt spät nach Hause kam, nachdem er seinen ganzen Lohn vertrunken hatte. Sonderbarerweise machte sie ihm keinen Vorwurf daraus, wenn sie ihren Nachmittag im Park verbracht hatte. Seine Arbeit hatte seine Nerven aufgerieben – die drängelnden Menschenmengen, das ständig unterbrochene Fahrkartenverkaufen, die Zeitpläne, die eingehalten werden mussten, die Ausweichmanöver, wenn Fußgänger unerwartet vor dem Bus auftauchten –, und deshalb trank er, um seine Nerven zu betäuben. Er trank, um die Ruhe zu finden, die sie im Park fand. Einmal, vor ein paar Monaten, bevor sie Lance kennengelernt hatte, war sie mit Charles in den Park gegangen, aber ihm hatte es dort nicht gefallen, weil er nicht mehr still sitzen konnte. Und jetzt gehörte der Park ihr und Lance. Nach den im Park verbrachten Stunden konnte sie weder Charles noch sich selbst einen Vorwurf aus dem machen, was geschehen war. Sie hatten einfach aufgehört, einander zu lieben, zuerst Charles, dann sie. Vielleicht hatte das Fehlen der Stille sie so erschöpft, seit Anbeginn ihrer Ehe, als sie in der Parterrewohnung auf der East Side gewohnt hatten; vielleicht lag es daran, dass Charles die Kraft verloren hatte, sie weiterzulieben. Hätte man ihn in Stille tauchen, ihn sie trinken und hören lassen, sie sehen und atmen lassen, ihn stundenlang in ihr schlafen lassen können, dann wäre es möglich gewesen, ihn sich wieder mit glatter Stirn vorzustellen und sich auszumalen, wie er die Augen öffnete und sie ansah, als liebe er sie wieder. Aber jetzt wünschte sie sich das gar nicht mehr, denn es war zu spät. Sie hatte Lance gefunden, und sie liebte ihn. Und Lance würde sie lieben, egal wo er oder sie sich befand, zusammen oder getrennt, in Lärm oder Stille, Bewegung oder Ruhe. Lance besaß etwas, was Charles nicht besaß und nie besessen hatte. Das wusste sie jetzt. Sie war nicht mehr achtzehn wie damals, als sie Charles geheiratet hatte.

»Philip!«

Philip stand auf und blickte schuldbewusst zu seiner Mutter, die darauf wartete, dass er sagte: »Ja, Mama«, was er tat, die letzte Silbe betonend.

»Mach deinen Spielanzug nicht schmutzig, mein Schatz! Pass gut auf!«

»Ja, Mama.« Und er wandte sich ab und hockte sich neben seinen Freund, um das Wasser aus dem Blechbecher des Brunnens in die kleine Grube zu gießen, die sie in den gepflegten Rasen gegraben hatten. Dickie hatte den Becher am Ende des Weges gefunden, und Philip hatte ihn automatisch hinter seinem Rücken versteckt gehalten, als er mit seiner Mutter sprach. Sie wussten nicht, was sie mit der kleinen Grube anfangen sollten, die das Wasser aufsog, aber sie waren glücklich und hatten einander dauernd etwas zu erzählen, sodass sie fast die ganze Zeit gleichzeitig plapperten. Keiner der beiden hatte je zuvor in seinem Leben jemanden kennengelernt, der ihm so gut gefiel wie der neue Freund.

Mrs. Robertson blickte unwillkürlich auf, als der Mann in den Park kam, weil so wenige Leute sich in den Park verirrten. Er trug einen dunklen Anzug und keinen Hut; er hielt inne und stand eine Weile auf dem betonierten Weg und sah die Frau auf der Bank an. Zuerst empfand Mrs. Robertson leise Furcht: Die Eindringlichkeit, mit der er die blonde Frau betrachtete, ein Lächeln unterdrückend, hatte etwas Bedrohliches, genau wie seine tief in die Taschen vergrabenen Hände, als fröre er –, und als ihr diese einzige Ähnlichkeit zwischen den beiden auffiel, begriff sie, dass sie einander kannten, obwohl keiner Anstalten traf zu grüßen. Jetzt trat er mit starren, vorsichtigen Schritten auf die Frau zu und setzte sich ungezwungen neben sie, ohne die Hände aus den Taschen oder den Blick von ihrem Gesicht zu nehmen. Und der Gesichtsausdruck stillen Behagens, der Mrs. Robertson gestern und heute an ihr aufgefallen war, veränderte sich nicht im Geringsten. Die Lippen des Mannes bewegten sich, die Frau sah ihn an und lächelte, und abermals fand Mrs. Robertson das, was sie zu sehen bekam, etwas verstörend. Es war etwas verstörend, dass überhaupt ein Mann in den Park gekommen war und sich auf eine Bank gesetzt hatte. Dass es sich um einen Fremden handelte, der Avancen machen wollte, war ihr in den Sinn gekommen und von ihr verworfen worden, weil die beiden eine Aura der Vertrautheit umgab. Beide schauten jetzt vor sich hin, einander unmerklich zugeneigt, obwohl sich zwischen ihnen eine der Eisenstreben befand, mittels deren die Bänke in vier oder fünf Sitzplätze unterteilt waren, und dann streckte der junge Mann die Hand aus, zog behutsam die der jungen Frau aus der Manteltasche, führte sie unter der Eisenstrebe hindurch und umfasste sie mit der eigenen Hand, die nun auf seinem übergeschlagenen Bein ruhte. Und mit einem Mal dämmerte es Mrs. Robertson: Sie waren ein Liebespaar! Natürlich! Warum hatte sie so lange gebraucht, um das zu begreifen? Jetzt begann sie fasziniert, sie heimlich zu beobachten. Anfangs war sie gerührt von dem offenkundigen und anziehenden Glücksgefühl, das beide ausstrahlten, von dem Stolz, mit dem sie den Kopf hoben, um – auch er nun mit dem blicklosen, entrückt lächelnden Gesichtsausdruck, der ihr an der Frau aufgefallen war – starr geradeaus zu schauen, als betrachteten sie etwas weit jenseits der eisernen Parkumzäunung. Ganz gewiss sahen sie nicht aus wie ein Ehepaar, dachte sie mit einem merkwürdigen Anflug von Erregung, doch gleichzeitig betrugen sie sich nicht leidenschaftlich, wie sie es von einem Liebespaar erwartete, obwohl ihr einfiel, dass sie noch nie ein heimliches Pärchen zu sehen bekommen, sondern nur darüber gelesen hatte. Und hier handelte es sich zweifellos um ein heimliches Pärchen. Sie sah alles vor sich: den Ehemann (dunkelhaarig), der um sechs Uhr abends von der Arbeit kam, ohne zu ahnen, dass seine Frau den Nachmittag mit einem anderen verbracht hatte. Mrs. Robertson verspürte einen Stich des Mitleids mit dem Betrogenen. Ja, die blonde Frau sah eindeutig nach einem Flittchen aus – die Stöckelschuhe, das höchstwahrscheinlich mit Wasserstoff gebleichte Haar. Ob sie ihren Liebhaber wohl mit nach Hause nahm? Mrs. Robertson hoffte, das nicht miterleben zu müssen. Und im nächsten Augenblick musste sie sich eingestehen, dass sie genau das liebend gerne miterleben würde, wie die beiden miteinander fortgingen. Sie blätterte eine Seite um, die sie nicht gelesen hatte; schuldbewusst hörte sie ihr dünnes goldenes Armband an ihre Uhr klimpern. Sie spähte erneut über ihre Lesebrille. Der Mann sprach, doch so leise, dass sie nicht einmal sein Murmeln hören konnte. Er hatte den Kopf zurückgelegt, auf die Rücklehne der Bank, und die Frau betrachtete sein Gesicht, aufmerksamer, als Mrs. Robertson sie bisher erlebt hatte, doch noch immer mit ihrem leisen, verträumten Lächeln. Der Mann spreizte seine Finger und umfasste ihre Hand mit festerem Griff, und Mrs. Robertson verspürte eine kleine Welle des Entzückens. Sie fragte sich, was er der Frau wohl erzählte. Oder täuschte sie sich am Ende ganz und gar? War die Frau gar nicht die Mutter des Kindes, sondern nur eine bezahlte Aufpasserin oder ein Kindermädchen? Doch weder die Frau noch das Kind sah gut gekleidet genug aus, um das wahrscheinlich zu machen. Und wie um sie zu bestärken, kam das Kind plötzlich über den Weg hergelaufen, und sie sah, wie die Frau es in die Arme nahm, aus ihrer Handtasche ein Taschentuch holte und dem Kind energisch die Nase putzte, und aus beider

Verhalten las sie etwas ab, was ihr unmissverständlich sagte, dass sie Mutter und Kind waren. Der Mann hatte seine freie Hand aus der Tasche gezogen, ebenfalls mit einem Taschentuch, und nachdem er es wieder weggesteckt hatte, hielt er jetzt ein kleines blaues Spielzeugauto auf der Handfläche, als hätte er es gerade gefunden. Die Frau sagte etwas, und der kleine Junge legte dem Mann die Arme um den Hals und gab ihm einen Kuss auf die Wange, bevor er davonsprang, alles so schnell, dass Mrs. Robertson ihren Augen nicht trauen wollte. Aber sie hatte es gesehen, fraglos, und auch das hatte den unmissverständlichen Charakter eines vertrauten Rituals gehabt. Unverhohlen starrte sie die beiden an, die sich vorbeugten und lächelnd den Kindern zusahen.

Philip! Er spielte auch mit dem Automobil. Der kleine Junge teilte es mit ihm. Unwillkürlich stand Mrs. Robertson auf und setzte sich wieder. Sie wollte nicht, dass er mit dem Automobil spielte; undeutlich hatte sie den Eindruck, dass es nicht in Ordnung war und auch nicht ganz sauber, genau wie der kleine Junge. Wieder blickte sie zu dem Paar auf der Bank – das sich so wenig um sie scherte, dass sie ganz unverhohlen hinschauen konnte –, und wieder hatten beide sich gemütlich zurückgelehnt, gemütlicher, als auf der harten Bank möglich zu sein schien, und ihre Arme waren jetzt verschränkt, und ihre Hände hielten einander unter der Eisenstrebe fest umschlossen. Der Mann redete, und die Frau erwiderte hin und wieder etwas. Es war ungewöhnlich, dass er das Kind offenbar so gern hatte. Oder tat er nur so? Worüber mochten sie sprechen? Wie störend musste ihnen die Eisenstrebe zwischen ihnen vorkommen! Und sie verspürte eine erboste, selbstgerechte Befriedigung darüber, dass die Eisenstrebe sich dort befand. Wie würde der Park ohne solche Streben aussehen? Männer, die auf den Bänken schliefen. Pärchen …

»Halb ist er du, nicht wahr?«, sagte Lance gerade.

»Eines Tages werden wir ein Kind haben, das ganz wir ist.«

Dann schwiegen sie eine Zeit lang. Ein Vogel in einem benachbarten Baum sang ein paar zaghafte Triller – in dem ganzen Park gab es nicht mehr als drei oder vier Bäume – und schoss dann an ihnen vorbei, sodass beide ihn sehen konnten. Nicht weit entfernt ließ ein Schiff auf dem Fluss sein Tuten ertönen, weniger tief als das eines Ozeandampfers und weniger hoch als das eines Schleppdampfers: ein Schiff mittlerer Größe, dessen Tuten jedoch stolz verkündete, dass es überall hinfahren konnte und obendrein dort gewesen war.

»Wir werden viel reisen«, bemerkte er.

»Ich möchte nach Schottland fahren«, sagte das Mädchen noch gelassener, doch in einem Ton, als hätte es die Fahrkarte schon in der Tasche.

»Schottland muss unvorstellbar sein. Wir werden ganz bestimmt nach Schottland fahren … auf die Hebriden.«

»Hebriden?«

»Wie wir in Träumen die Hebriden schauen.«

»Was sind das? Berge?«

»Berge und Inseln. Berge.« Er sagte die Worte so langsam und volltönend, als erschüfe er Inseln und Berge vor ihren Augen.

»Sag nicht Träumereien«, tadelte ihn das Mädchen. »Oder ist das auch ein Gedicht?«

»Es ist ein Gedicht. Aber Gedichte sind wahr.«

»Manchmal, nehme ich an.«

Er widersprach nicht. Sie schwiegen längere Zeit.

»Und dann, wenn wir mit dem Reisen fertig sind, baust du mir ein Haus?«

»Ich baue dir nicht ein Haus, sondern drei ... vier Häuser«, sagte er entschieden. »Eines für jede Jahreszeit. Ein weißes für den Frühling, ein rotes für den Winter. Für den Herbst ein braunes –«

»Braun mag ich nicht.«

»Für den Herbst ein *lohfarbenes*.«

»Lance, hast du auf die Zeit geachtet?«, flüsterte sie fast unhörbar, wie nebenbei.

»Ja, ich achte auf die Zeit. Die Kirchturmuhr sagt fünf vor vier.«

Die Turmuhr der kleinen Kirche befand sich nur einen halben Block entfernt an der Avenue, aber sie hatte ihm erklärt, dass sie keinen einzigen Blick dorthin richten werde, solange er mit ihr zusammen im Park war. Die Uhr ging immer sechs Minuten nach. Um neun nach vier würde er daher aufbrechen müssen, um sich wieder in der großen Buchhandlung an der Nassau Street in Downtown einzufinden, in der er arbeitete. Morgen würde er nicht kommen können und auch am Tag darauf nicht. Er trug nur dienstags und freitags Bücher aus, eine unbeliebte Tätigkeit, für die er sich freiwillig gemeldet hatte, um es so bewerkstelligen zu können, eine halbe oder eine dreiviertel Stunde mit ihr zu verbringen. Nur bei diesen Anlässen konnte er sie sehen. Solange sie mit Charles verheiratet war, würde sie sich nie abends mit ihm treffen. Er legte seine freie Hand über ihre und lächelte sie mit impulsiver Zärtlichkeit an. Er wusste, dass ihren Begegnungen in diesem Park etwas Schicksalhaftes eignete. Das einzige Mal, dass er sie abends gesehen hatte, war der Abend ihres Kennenlernens gewesen, vor dem Park am Gramercy Square, den sie nicht betreten konnten, weil er zugesperrt war. In der Dunkelheit hatte er sie vor den hohen Streben des Zauns stehen sehen, und mit einem durch seine eigene Einsamkeit und Verlorenheit geschärften Sensorium hatte er gespürt, dass – wer und was sie auch sein mochte – etwas sie verband, und deshalb hatte er Guten Abend gesagt. Sie hatten an diesem Abend denselben Film in einem Kino in der Twenty-third Street angeschaut, jeder für sich allein. Das war ihr einziger gemeinsamer Abend gewesen, und dennoch bezeichnete er sich in Gedanken als ihren Liebhaber. Wie nannte sie ihn wohl? Gewiss nicht so, dachte er. Er hob den Kopf höher, ließ ihn wieder auf die Rücklehne sinken, und man hätte meinen können, er wäre der sorgloseste Mensch der Welt und würde den ganzen restlichen Nachmittag im Park vertrödeln.

»Dieser Park ist der ruhende Punkt im Drehen der Welt«, sagte er mit leiser und ehrfürchtig fester Stimme.

»So kommt es mir auch vor. Ja. Und die Straße, in der ich wohne. Und diese Tage.«

»Diese Tage.« Doch plötzlich schämte er sich für sein Faulenzen, sogar für die halben Stunden mit ihr, weil es so viel zu tun gab. Nicht weil er die Zeit mit ihr verbrachte, sondern weil er zuließ, dass sie beide so törichte Träume träumten. Oder waren die Träume etwa nicht töricht? Es war schwer zu sagen. Er schämte sich, weil der kleine Park sich so gut zum Träumen eignete, zu gut, das wusste er, zu friedvoll und einem imaginären Himmel zu ähnlich. Und liebevoll – wie jedes Mal, wenn er hier saß – betrachtete er die zierliche Krümmung der kleinen Rasenflächen und den schroffen Kontrast zwischen den Biegungen der Umzäunung und ihren leuchtend grünen Flächen. Sein Blick wanderte müßig über Dickie und den anderen kleinen Jungen, die mit dem neuen Automobil spielten. Dickie gehörte zum Park als Cherub dieses Himmels. Heute sah er glücklicher aus als sonst, weil er einen Spielkameraden hatte. Er schaute zu der Frau auf der Bank drüben, die schon wieder zu ihnen herblickte, und lächelte sie an, doch sie senkte den Blick sofort auf ihr Strickzeug.

Mrs. Robertson hatte eine Masche fallen lassen und ribbelte nervös an der Wolle. Sie hatte ein Gefühl von innerer Unordnung und Verärgerung, was sie dem Strickfehler zuschrieb. Undeutlich verspürte sie den Wunsch, Philip zu holen, den Park zu verlassen und sich zu Hause um das Strickzeug zu kümmern, und zugleich den Wunsch zu bleiben, weil Philip sich hier so wohl fühlte und weil der Park – oder, wie sie sich eingestand, der Anblick des Pärchens auf der anderen Bank – ihr ein Vergnügen bereitete, das etwas Berauschendes hatte. Über diesen inneren Konflikt war sie sich keineswegs im Klaren, nur darüber, dass sie mit sich im Unreinen war, während sie an ihrem Strickzeug zupfte; trotz dieses inneren Aufruhrs saß sie ruhig und beherrscht da, und nur ihre Finger bewegten sich gewandt, um den bisher untadeligen Fäustling für Philip zu retten. Als der Fehler ausgebessert war und sie weiterstricken konnte, als die mysteriösen Scharmützel in ihrem Inneren ausgetragen waren, da war auch das Ergebnis des Kampfes mysteriös und hinterließ in ihr nur ein undeutliches Gefühl der Verärgerung, der Ungeduld und auch der Enttäuschung. Hierher werde ich nicht wieder kommen, dachte sie unvermittelt, und diese bloße Entscheidung, die sich wie aus heiterem Himmel eingestellt zu haben schien, hatte etwas Beruhigendes. Aber ein paar Minuten würde sie noch bleiben. Es gab nichts, wovor man weglaufen musste.

Das Sonnenlicht regte sich mit einem Mal wie ein Lebewesen, kletterte über die Bögen der Einzäunung und fiel schwerelos und geräuschlos über den halben Weg. Jetzt lag es auf den Füßen von Lance und dem Mädchen neben ihm. Ein langer Streifen zog sich diagonal über den Weg zu der Frau auf der Bank. Im Hinsehen sah er, dass auch sie hinsah, doch sie hob ihren Blick nicht.

»Der ruhende Punkt der Welt«, flüsterte das Mädchen.

»Im Drehen der Welt.« Und wieder schämte er sich: Die Welt um sie herum auf dieser grünen Insel der Zuflucht drehte sich, Maschinen bewegten sich, Uhren, doch er und sie bewegten sich nicht, obwohl so vieles zu tun war und erkämpft werden musste.

»Ja, ›im Drehen der Welt‹ klingt schöner. Ich kann es spüren – aber ich könnte es nie so ausdrücken wie du. Ich habe es gespürt, als ich heute Nachmittag aus dem Haus ging –« Doch sie wusste, dass sie es nicht beschreiben konnte. »Und jetzt.«

»Aber es ist nicht von mir. Es ist von Eliot. Es gibt noch eine Stelle: › … am ruhenden Punkt ist der Tanz‹.« Er hielt inne, weil ihm bewusst wurde, dass neben dem geliebten Menschen nichts Bestand hat, obgleich die Stille jegliche andere Stille und jeglichen vorstellbaren Frieden übertrifft, und weil er plötzlich erkannte – als wäre ihm als Erstem eine unumstößliche Wahrheit bewusst geworden –, dass neben dem geliebten Menschen die Schönheit eines Tagtraums niemals dürftig und leblos und flach wie ein Bild sein kann, wie sie es für den Einsamen ist, weil neben diesem Menschen die Luft von etwas Voranschreitendem erfüllt und mit elektrischer Energie aufgeladen ist und die Dinge, echte wie eingebildete, ganz und makellos sind. Er wandte sich zu ihr und sah sie einen vorsichtigen Blick auf die Frau auf der Bank werfen. Doch er hatte nicht vorgehabt, sie in diesem Augenblick zu küssen.

Glöckchen erklangen. Ferne Glöckchen von Schafen, dachte er, auf vom Nebel halb verhüllten wogenden Hügeln: den Hebriden.

»Da kommt der Eismann«, sagte sie.

Der Wagen des Eismanns kam an der Südseite des Parks zum Vorschein, geschoben von einem schlanken jungen Mann in weißen Hosen und weißem Hemd und mit weißer Mütze.

»Mutter«, sagte Dickie, der über das Geländer geklettert kam, »darf ich ein Eis haben?«

Lance langte in die Tasche.

Mrs. Robertson sah zu, wie der Mann dem kleinen Jungen eine Münze gab und der kleine Junge damit zum Eismann lief. Philip blieb stehen und schaute zu; er wusste, dass er so kurz vor dem Abendessen kein Eis essen durfte.

»Darf er auch eins haben?« Der Mann war aufgestanden und lächelte sie an, während er die Hand in die Tasche steckte.

»Oh, vielen Dank«, erwiderte Mrs. Robertson. »Aber er bekommt gleich sein Abendessen.«

Ihr Herz klopfte merklich schneller. Die paar Worte, die sie mit ihm gewechselt hatte, hatten sie erregt, auf eine Weise, die weder angenehm noch unangenehm war. Sein Auftreten und sogar sein Aussehen waren sympathischer, als sie zuerst gedacht hatte, als sein ungebügelter Anzug ihr suggeriert hatte, wie sie jetzt fand. Der dunkelhaarige kleine Junge kletterte über das Geländer zurück, während er in sein Eis biss, und lief auf Philip zu. Sie stand instinktiv auf, um Philip daran zu hindern, von dem Eis zu essen.

»Philip, ich glaube nicht –«

Zu spät. Philip hatte die ganze obere Hälfte des Eises im Mund, und sein Spielkamerad hielt ihm das Eis hin. Sie wollte Philip nicht mit Gewalt wegreißen, doch genau das passierte, und das Eis, das auf einmal von niemandem gehalten wurde, fiel zwischen den Kindern ins Gras.

»Oh«, sagte Mrs. Robertson und meinte es auch so, »das tut mir wirklich leid.«

Nach der ersten Verblüffung bückte sich der dunkelhaarige kleine Junge, um das Eis aufzuheben. Aber das zermatschte Eis rutschte von seinem Stiel, und nicht einmal für einen Dreijährigen gab es etwas zu retten. Vor seinen Augen zerbrach der Rest der Schokoladenkruste, als wollte sie vorsätzlich im dichten weichen Gras verschwinden. Er stand auf und sah ihr nach und wischte sich schüchtern die Hände hinter dem Rücken ab.

»Wo ist der Eismann?« Mrs. Robertson sah sich nach ihm um, doch er war fort. Sie hörte sein Bimmeln auf der Avenue.

»Hast du dein Eis verloren, Dickie?«, rief der Mann verständnisvoll.

»Ach, das macht nichts«, sagte der kleine Junge, halb zu ihm, halb zu ihr. Er war nicht wütend, aber er lächelte auch nicht.

»Das war meine Schuld, es tut mir leid«, sagte Mrs. Robertson. Dann kam sie sich plötzlich lächerlich vor und ergriff mit einer Hand Philip am Arm und mit der anderen den Lenker seines Dreirads und bugsierte beide zur Umzäunung des Parks.

»Musst du nach Hause gehen, Philip?«, fragte der dunkelhaarige kleine Junge.

»Ja«, sagte Philip seufzend und resigniert. Doch vom Zaun aus blickte er traurig zurück, an dem Arm vorbei, den seine Mutter entschieden festhielt, als hätte er erst jetzt begriffen, dass es wirklich nach Hause ging.

»Wir sehen uns morgen wieder, Philip«, sagte der andere kleine Junge in so frühreifem Ton, dass Mrs. Robertson überrascht war.

Sie würden sich morgen nicht wiedersehen. Sie wollte nicht, dass Philip wieder mit ihm spielte. Sie wusste nicht genau warum, aber sie wollte es nicht. Es war falsch gewesen, nicht sofort mit ihm wegzugehen, sobald sie gemerkt hatte, was für eine Person diese Mutter war. An dem kleinen Jungen war irgendetwas Unreines, das spürte sie, mochte er noch so sauber gewaschen sein, weil seine Mutter unrein war. Dennoch ertappte sie sich dabei, dass sie an der Frau und dem Mann auf der Bank vorbeiging, obwohl es der längere Weg aus dem Park war, und dabei, dass sie einen weiteren verstohlenen Blick auf die beiden warf, beinahe unwillkürlich und zu ihrer eigenen Verärgerung, einen so verstohlenen Blick, dass es ihr vorkam, als wäre der Blick nicht ihrer. Doch Mann und Frau schienen wieder ganz in ihre eigene Welt versunken, Händchen haltend. Sie war erleichtert, dass sie sie nicht gesehen hatten. Als sie am Ende des Wegs ankam, wusste sie, dass sie den Mann und die Frau, den kleinen Jungen und den Park nie wiedersehen würde.

Das blonde Mädchen hatte den Blick gesehen und darin trotz all seiner Flüchtigkeit den alten, unverkennbaren Blick erkannt, mit dem eine Frau eine andere bedenkt, die sie geliebt weiß – einen Blick voller Begehren, Bewunderung, Sehnsucht, Neid und widerwilligem Wohlgefallen, für eine Sekunde enthüllt und sofort wieder verborgen. In diesem Augenblick hatte sie in einem Reflex des Stolzes Lance' Hand fester gedrückt. Hatte Lance ihn auch gesehen? Wahrscheinlich konnte so etwas nur eine Frau erkennen. Sie hätte es ihm gerne erzählt, doch die Worte dafür wären noch schwerer zu finden gewesen als die über ihren inneren Frieden, wenn sie nachmittags die Sandsteinstufen hinunterging, und deshalb sagte sie: »Ich glaube, sie mag mich nicht. Sie war gestern schon da.«

Lance lächelte nur und zog ihren Arm enger an sich. Er hatte noch sieben Minuten Zeit. Er zog ihren Arm an sich, bis er ihn an seinem Körper spürte statt des eisernen Arms, der durch den Stoff seines Jackettärmels in das feste Fleisch der Muskeln schnitt. »Jetzt ist niemand da«, sagte er.

Es war niemand da. Die lange Spitze des Sonnenlichtkegels hatte die Bank erreicht, auf der die Frau gesessen hatte, und eines der Metallbeine erfasst. Der Vogel schoss abermals herunter, tauchte in ihr Gesichtsfeld und bestätigte ihnen ihre ungehinderte Freiheit und Sicherheit in dem winzigen Park. Kein Lebewesen war auf der Avenue zu sehen, nicht einmal ein augenloser unpersönlicher Lieferwagen hinter der Grenze der niedrigen eisernen Umzäunung. Doch, eine Nonne kam die Treppe der Kirche einen halben Block entfernt hinunter, schwarz gekleidet und mit schwarzer Haube, eine aufrechte, archaisch anmutende Gestalt, deren schwarze Röcke im Gehen wogten, als wären sie das geschnitzte Gewand einer Galionsfigur. Sie sahen einander an, und ihre Lippen begegneten sich über den verschränkten Händen und Armen, über der eisernen Strebe, und ihr Kuss wurde zum Mittelpunkt der Stille. Der Kuss wurde zum alleinigen Mittelpunkt des ruhenden Punktes im Drehen der Welt, sodass sich sogar der Park um den stillen Frieden ihrer Lippen zu drehen schien.

Dann, weil nur noch drei Minuten blieben, bis er gehen musste, begann er ungezwungen, aber ernsthaft und schnell von ihren Plänen zu sprechen, von seiner Arbeit, ihrem Geld, als wollte er sich in diesen letzten Augenblicken, bevor sie sich für zwei Tage und Nächte trennen mussten, Mut machen. In drei Monaten würden sie genug Geld haben, um den nächsten Feldzug in ihrem Kampf zu eröffnen, ihre Scheidung. Es war nicht möglich, mit ihrem Ehemann über die Scheidung zu sprechen, solange sie mit ihm zusammenlebte. Nur noch drei Monate. Vierundzwanzig weitere nachmittägliche Begegnungen wie diese, dachte er zum ersten Mal, und er wusste, dass er sie von nun an unwillkürlich zählen würde. Vierundzwanzig ...

Mrs. Robertson ging am nächsten Tag nicht in den kleinen Park an der Avenue. Sie ging mit Philip in einen Hof der Castle-Terrace-Anlage, wo es einen großen Sandkasten und viele kleine Kinder gab, mit denen er spielen konnte.

Philip blieb stehen, wo seine Mutter ihn losgelassen hatte, sah zu dem Gebäude hoch, das sich wie ein großes braunes ausgehöhltes Gebirge um ihn herum erhob, und fragte: »Gehen wir nachher in den Park?«

»Gehen wir nachher in den Park, Mama?«, fragte er wieder, als seine Mutter sich in einen bequemen Metallstuhl gesetzt hatte. »Ich will Dickie sehen.«

»Nein, Schätzchen, heute gehen wir nicht in den Park.« Sie bemühte sich, ihre Stimme freundlich und neutral klingen zu lassen, was ihr schwerfiel. Vielleicht war es ihr nicht gelungen, dachte sie, als sie beobachtete, wie Philip auf seinem Dreirad langsam davonfuhr und aussah, als nähme er nichts um sich herum wahr.

Auf dem Spielplatz waren viele junge Mütter, und Mrs. Robertson war schon bald in Gespräche vertieft. Sie hatte das Gefühl, hier, im Hof ihrer eigenen Wohnanlage, am richtigen Ort zu sein. Warum hatte sie versucht, sich abzusetzen und einen besseren Ort zu finden? Der Park war hübsch, und Philip würde er zweifellos ein paar Tage lang fehlen, aber sie bereute ihren Entschluss nicht. Hier schien ebenfalls die Sonne, es gab Spielgeräte für Philip und genug Kinder, mit denen er sich anfreunden konnte, Kinder, über deren Sauberkeit und Erziehung sie sich keine Sorgen zu machen brauchte. Und Frauen wie sie selbst, mit denen sie Gedanken austauschen konnte.

»Ich will Dickie«, sagte Philip, der sich auf seinem Dreirad langsam näherte. Er hatte den Spielplatz besichtigt und verworfen.

»Schätzchen, dort drüben am Sandkasten sind kleine Jungen. Willst du nicht mit denen spielen?« Sie wandte sich wieder der Frau zu, mit der sie sich unterhalten hatte, um nicht den Eindruck zu wecken, dass sie Philip gegenüber das schlechte Gewissen hatte, das sie hatte.

»Ich will Dickie!«, sagte Philip zwei Minuten später. Jetzt war er vom Dreirad abgestiegen und stand daneben, als würde er es nie wieder besteigen, außer um seinen Freund zu besuchen. Er hatte Tränen in den Augen. Er schaute seine Mutter vorwurfsvoll und anklagend an, entschlossen und verständnislos.

Das, so begriff Mrs. Robertson, war der Moment, wo es Festigkeit zu beweisen galt, ihn zu ignorieren oder das zu sagen, was ihn für alle Zeiten zufriedenstellen oder zum Schweigen bringen würde. Ratlos zauderte sie.

»Wer ist Dickie?«, fragte eine der Frauen.

»Ein kleiner Junge, den er auf der Straße kennengelernt hat«, antwortete Mrs. Robertson.

Als wäre er über ihre Erwähnung seines Freundes verärgert, wandte Philip sich ab und ging hocherhobenen Hauptes davon, was seiner Mutter die Antwort ersparte, die sie nicht geben konnte.

Am nächsten Nachmittag fragte Philip wieder nach Dickie und auch am Tag darauf und am übernächsten Tag. Doch am fünften Nachmittag fragte er nicht mehr.

DORIS DÖRRIE

Der Schwan

Andere werdende Mütter häkeln und stricken wie die Weltmeister für ihre ungeborenen Kinder, aber ich wollte meinem unbedingt ein Schlaftier nähen und sann lange nach, welches Tier das geeignete sein könnte. Ich kam über Bären, Hasen, Schafe, Küken auf einen Schwan, weil meine beste Freundin, eine Amerikanerin, mir den einzigen Satz, den sie auf Deutsch konnte, ständig ins Ohr sang: Mein lieber Schwan.

Aus einem alten weißen Frotteehandtuch nähte ich also einen Schwan für mein ungeborenes Kind. Ich bin keine gute Handarbeiterin, in der Schule bekam ich in Handarbeit immer schlechte Noten. Mein einziger gehäkelter Topflappen war krumm und schief und bereits schmuddelig vom langen Kampf mit Wolle und Häkelnadel, aber mit dem Schwan war ich ehrgeizig und gab mir die größte Mühe, und ich sah die tiefe Liebe zwischen Kind und Schwan bereits beim Nähen erblühen. Die Größenverhältnisse hatte ich allerdings nicht recht bedacht, wie ich nach der Geburt feststellte: Der Schwan war um einiges größer als mein Kind.

Ich verstaute ihn einige Monate, und als ich ihn dann zum ersten Mal hervorholte, fing mein Kind panisch an zu weinen. Also verschwand er wieder, dieses Mal so lange, bis mein Kind deutlich größer war als der Schwan, aber auch bei der nächsten Zusammenführung entbrannte keine Liebe, sondern höchstens mildes Interesse, und das, so hatte ich das deutliche Gefühl, auch nur eher mir zuliebe. Der Schwan wurde pflichtschuldig herumgeschleift und auch ab und zu mit ins Bett genommen, aber eher wie ein etwas lästiger Verwandter und nicht wie die große Liebe.

Die bekam ein ganz anderes Schlaftier, das ausgerechnet meine Freundin, die immer »Mein lieber Schwan« gesungen hatte, dem Kind schenkte. Dieses Tier wurde überlebenswichtig, Jahre verbrachten wir in der Angst, es zu verlieren. Fast jeden Abend wurde es händeringend gesucht. Der Schwan lag in der Ecke, unbeachtet, ungeliebt. Ich rettete ihn und nahm ihn bei jedem Umzug mit, und ab und zu singe ich ihm vor: Mein lieber Schwan.

Der Kindergeburtstag

Immer wenn sich John Andros alt fühlte, fand er Trost in dem Gedanken, dass das Leben durch sein Kind weiterging. Die dunklen Posaunen der Vergänglichkeit tönten weniger laut, sobald er das Getrappel der kleinen Füße hörte oder die Kinderstimme, die ihm durchs Telefon verrücktes Kauderwelsch ins Ohr plapperte. Letzteres geschah jeden Nachmittag um drei, wenn seine Frau von ihrem Häuschen auf dem Land aus im Büro anrief, und er begann sich darauf zu freuen, weil es zu den lebendigsten Minuten seines Tages zählte.

Rein physisch war er nicht alt, aber er hatte sich in seinem Leben etliche Male etliche steile Berge hinaufgekämpft, und jetzt, mit achtunddreißig, da Krankheit und Armut besiegt waren, gab er sich weit weniger Illusionen hin als früher. Selbst für seine kleine Tochter hegte er begrenzte Gefühle. Sie war in seine recht intensive Liebesbeziehung mit seiner Frau eingebrochen, und ihretwegen wohnten sie in einem Ort vor der Stadt, wo sie für die gute Landluft endlose Probleme mit den Bediensteten und das ermüdende Karussell der Pendlerzüge in Kauf nahmen.

Die kleine Edith als greifbares Stück Jugend, das war es, was ihn hauptsächlich interessierte. Er genoss es, sie auf dem Schoß zu halten und ausgiebig ihren duftenden, flaumigen Haarschopf und die Augen mit der morgenblauen Iris zu betrachten. Nachdem er ihr diese Huldigung erwiesen hatte, durfte das Kindermädchen sie gerne wieder mitnehmen. Denn nach zehn Minuten begann ihn ebendiese Vitalität des Kindes aufzubringen; wenn etwas kaputtging, verlor er leicht die Beherrschung, und als die Kleine eines Sonntagnachmittags eine Bridgepartie zerstörte, indem sie das Pik-Ass irgendwo versteckte, hatte er eine solche Szene gemacht, dass seine Frau in Tränen ausgebrochen war.

Das war lächerlich, und John schämte sich dafür. So etwas passierte nun einmal, es war unvermeidlich, und die kleine Edith konnte unmöglich all die Stunden, die sie im Haus verbrachte, oben in ihrem Kinderzimmer bleiben, zumal sie, wie ihre Mutter sagte, täglich mehr zu einer ›richtigen Persönlichkeit‹ heranwuchs.

Sie war zweieinhalb, und heute Nachmittag war sie auf einem Kindergeburtstag eingeladen. Die große Edith, ihre Mutter, hatte im Büro angerufen, um ihm dies zu berichten, und die kleine Ede hatte die Angelegenheit bestätigt, indem sie ›Ich geh zu einem *'butstach!*‹ in Johns nichts ahnendes linkes Ohr gebrüllt hatte.

»Komm doch nach der Arbeit noch bei den Markeys vorbei, ja, Liebling?«, schaltete sich ihre Mutter wieder ein. »Es wird sicher lustig. Ede wird todschick aussehen in ihrem neuen pinkfarbenen Kleidchen …«

Das Gespräch endete jäh mit einem Kreischen; offenbar war das Telefon heftig zu Boden gerissen worden. John lachte und beschloss, am Abend einen Zug früher zu nehmen. Die Aussicht auf einen Kindergeburtstag in anderer Leute Haus ließ ihn schmunzeln.

›Was für ein herrliches Durcheinander!‹, dachte er amüsiert. ›Ein Dutzend Mütter, von denen jede ausschließlich Augen für ihr eigenes Kind hat. Die Kleinen machen ständig irgendwas kaputt und grapschen nach der Torte, und auf dem Nachhauseweg denkt jede Mama bei sich, dass ihr Kind allen anderen auf subtile Art überlegen ist.‹

Heute war er guter Dinge – alles in seinem Leben lief besser als je zuvor. Als er an seiner Haltestelle ausstieg, fertigte er einen aufdringlichen Taxifahrer mit einem Kopfschütteln ab und machte sich im kühlen Dezemberzwielicht zu Fuß auf den Weg den langen Hügel zu seinem Haus hinauf. Es war erst sechs Uhr, doch der Mond war schon aufgegangen und schien mit stolzem Glanz auf den dünnen, zuckrigen Schnee, der die Vorgärten bedeckte.

Während er so lief und seine Lungen mit kalter Luft vollsog, stieg seine Stimmung noch, und die Vorstellung eines Kindergeburtstags gefiel ihm immer besser. Er begann sich zu fragen, wie Ede wohl im Vergleich zu den anderen Kindern ihres Alters abschnitt und ob ihr pinkfarbenes Kleid aus dem Rahmen fiel und sie reifer wirken ließ. Er beschleunigte den Schritt und kam in Sichtweite seines Hauses, wo die Lichter eines ausgedienten Weihnachtsbaums noch im Fenster glühten, doch er ging daran vorbei. Die Geburtstagsfeier fand nebenan bei den Markeys statt.

Als er die Steinstufen hinaufstieg und an der Tür klingelte, hörte er drinnen Stimmen und freute sich, dass er nicht zu spät kam. Dann hob er den Kopf und horchte – es waren keine Kinderstimmen, sondern laute, zornige, die sich überschlugen; mindestens drei konnte er unterscheiden, und eine, die gerade zu einem hysterischen Schluchzen anschwoll, erkannte er augenblicklich als die Stimme seiner Frau.

›Da muss etwas vorgefallen sein‹, dachte er.

Er legte die Hand an die Klinke, fand die Tür unverschlossen und öffnete sie.

Der Kindergeburtstag hatte um halb fünf begonnen, doch Edith Andros hatte schlau kalkuliert, dass das neue Kleid im Vergleich zu bereits zerknitterten noch mehr Aufsehen erregen würde, und deshalb ihren und Klein-Edes Auftritt für fünf Uhr geplant. Als sie eintrafen, war die Feier bereits in vollem Gang. Vier kleine Mädchen und neun kleine Jungen, jedes Einzelne mit der ganzen Liebe eines stolzen und eifersüchtigen Mutterherzens gelockt, gewaschen und herausgeputzt, tanzten zur Musik eines Grammofons. Zwar tanzten nie mehr als zwei oder drei gleichzeitig, doch da alle unaufhörlich hin und her rannten, um sich von ihren Müttern ermuntern zu lassen, war der Effekt derselbe.

Als Edith und ihre Tochter hereinkamen, wurde die Musik vorübergehend von einem Chor übertönt, der hauptsächlich aus dem Wort »süß« bestand und sich auf die kleine Ede bezog, die dastand, sich schüchtern umschaute und am Saum ihres pinkfarbenen Kleidchens zupfte. Sie wurde nicht geküsst – man lebte schließlich im Zeitalter der Hygiene –, dafür aber an einer Reihe von Mamas entlanggeführt, die allesamt ›sü-üß‹ zu ihr sagten und ihr kleines rosa Händchen hielten, bevor sie sie an die nächste weiterreichten. Nach einiger Ermunterung und dem einen oder anderen sanften Schubser mischte sie sich unter die Tanzenden und nahm bald lebhaft am Geschehen teil.

Edith stand an der Tür, wo sie mit Mrs. Markey plauderte und die kleine Gestalt im pinkfarbenen Kleid im Auge behielt. Mrs. Markey war ihr nicht besonders sympathisch; sie fand sie ebenso schnippisch wie ordinär, doch da John und Joe Markey einander mochten und jeden Morgen zusammen mit dem Pendlerzug fuhren, verwandten die beiden Frauen große Mühe darauf, den Schein warmer Freundschaftlichkeit zu wahren. Sie hielten sich ständig gegenseitig vor, dass die andere ›nicht mal vorbeischaute‹, und planten unablässig gemeinsame Unternehmungen, was meistens so begann: »Sie müssen bald zu uns zum Abendessen kommen, und demnächst gehen wir mal zusammen ins Theater«, aber sich nie über dieses Stadium hinaus entwickelte.

»Die kleine Ede sieht einfach bezaubernd aus«, sagte Mrs. Markey lächelnd und befeuchtete sich die Lippen auf eine Art, die Edith besonders abstoßend fand. »So *erwachsen* – kaum zu *glauben!*«

Edith überlegte, ob die Formulierung »die kleine Ede« auf den Umstand anspielte, dass Billy Markey, obwohl er einige Monate jünger war als Ede, annähernd fünf Pfund mehr wog. Sie nahm dankend eine Tasse Tee und setzte sich zu zwei anderen Damen auf einen Diwan, wo sie sich dem eigentlichen Zweck des Nachmittags widmete, der natürlich darin bestand, die jüngsten Meisterleistungen und kleinen Tollpatschigkeiten ihres Kindes zu schildern.

Eine Stunde verging. Das Tanzen verlor seinen Reiz, und die Kleinen suchten sich einen ernsteren Zeitvertreib. Sie liefen ins Esszimmer, umrundeten den großen Tisch und probierten die Schwingtür zur Küche aus, vor der sie von mütterlichen Expeditionsstreitkräften gerettet wurden. Nachdem man sie eingefangen hatte, rissen sie sofort wieder aus und rannten ins Esszimmer, um sich erneut auf die vertraute Schwingtür zu stürzen. Das Wort »überhitzt« machte die Runde, und kleine weiße Stirnen wurden mit kleinen weißen Taschentüchern abgetupft. Allseits versuchte man, die Kleinen zum Hinsetzen zu bewegen, doch sie wanden sich mit energischen »Runter, runter!«-Rufen von den Schößen, und der Sturm auf das faszinierende Esszimmer begann von Neuem.

Diese Phase des Geburtstags fand ein Ende, als zur Stärkung eine große Torte mit zwei Kerzen sowie Schälchen mit Vanilleeis serviert wurden. Billy Markey, ein stämmiger, etwas o-beiniger, fröhlicher Junge mit roten Haaren, blies die Kerzen aus und legte probehalber den Finger in den weißen Tortenguss. Torte und Eis wurden verteilt, und die Kinder aßen – gierig, aber ohne großes Durcheinander; sie hatten sich den ganzen Nachmittag über bemerkenswert gut benommen. Es waren moderne kleine Kinder, die regelmäßig aßen und schliefen, weshalb sie in guter Verfassung waren und gesund und rosig aussahen – eine so friedliche Geburtstagsfeier wäre vor dreißig Jahren nicht möglich gewesen.

Nach der Stärkung begann der allgemeine Aufbruch. Edith schaute besorgt auf die Uhr – es war fast sechs, und John war noch nicht aufgetaucht. Er sollte doch Ede mit den anderen Kindern sehen, sollte erleben, wie wohlerzogen, höflich und intelligent sie war und dass sie nur einen einzigen Eiscremefleck auf ihrem Kleid hatte, und auch das nur, weil etwas von ihrem Kinn getropft war, als jemand sie von hinten angestoßen hatte.

»Du bist ein Schatz«, flüsterte sie ihrem Kind zu und drückte sie plötzlich an sich. »Weißt du, was für ein Schatz du bist? *Weißt* du das?«

Ede lachte. »Bauwau«, sagte sie unvermittelt.

»Bauwau?« Edith blickte sich um. »Hier ist kein Bauwau.«

»Bauwau«, wiederholte Ede. »Ich will einen Bauwau.«

Edith folgte dem kleinen ausgestreckten Finger.

»Das ist kein Bauwau, Herzchen, das ist ein Teddybär.«

»Bär?«

»Ja, das ist ein Teddybär, und er gehört Billy Markey. Du willst doch nicht Billy Markeys Teddybären haben, oder?«

Doch, das wollte Ede.

Sie riss sich von ihrer Mutter los und näherte sich Billy Markey, der das Plüschtier fest umschlungen hielt. Ede stand da und musterte ihn mit unergründlichem Blick, während Billy lachte.

Die große Edith schaute erneut auf die Uhr, diesmal voller Ungeduld.

Der Kreis der Gäste hatte sich gelichtet, abgesehen von Ede und Billy waren noch zwei Kinder da, und eines davon nur, weil es sich unter dem Esstisch versteckt hatte. Es war egoistisch von John, dass er nicht kam. So wenig stolz war er also auf sein Kind. Andere Väter, sechs an der Zahl, waren rechtzeitig erschienen, um ihre Frauen abzuholen, und sie waren alle noch eine Weile geblieben und hatten zugesehen.

Auf einmal gab es ein lautes Geheul. Ede hatte den Teddybären ergattert, indem sie ihn Billy aus den Armen gerissen hatte, und Billy, der ihn sich wieder holen wollte, mir nichts, dir nichts einfach umgeschubst.

»Aber Ede!«, rief ihre Mutter, die ein Lachen unterdrücken musste.

Joe Markey, ein gut aussehender, breitschultriger Mann von fünfunddreißig, hob seinen Sohn vom Boden auf und stellte ihn auf die Füße. »Du bist mir ja einer«, sagte er leutselig. »Lässt dich von einem Mädchen umwerfen! Du bist mir ja wirklich einer.«

»Hat er sich den Kopf gestoßen?« Mrs. Markey hatte gerade die vorletzte Mutter hinauskomplimentiert und kam besorgt ins Zimmer zurück.

»Nei-iin«, rief Markey. »Er hat sich woanders gestoßen, nicht wahr, Billy? Er hat sich woanders gestoßen.«

Billy hatte den Sturz schon wieder so weit vergessen, dass er zu dem Versuch übergegangen war, sein Eigentum zurückzuerobern. Er packte ein Bein des Bären, das unter Edes Armen hervorschaute, und zog daran, doch vergebens.

»Nein«, sagte Ede mit Nachdruck.

Plötzlich ließ Ede, vom Erfolg ihres früheren, halb zufälligen Manövers ermutigt, den Teddybären fallen, legte die Hände auf Billys Schultern und schubste ihn, sodass er rückwärtsfiel.

Diesmal landete er weniger sanft; sein Kopf schlug mit einem dumpfen, hohlen Geräusch neben dem Teppich auf dem blanken Boden auf, worauf er tief Luft holte und ein fürchterliches Gebrüll anstimmte.

Augenblicklich brach ein Tumult im Zimmer los. Mit einem Aufschrei eilte Markey zu seinem Sohn, doch seine Frau war als Erste bei dem verletzten Kleinen, hob ihn vom Boden auf und nahm ihn auf den Arm.

»O *Billy*«, rief sie, »was für ein gemeiner Stoß! Man sollte ihr den Hintern versohlen.«

Edith, die auf der Stelle zu ihrer Tochter geeilt war, hörte diese Bemerkung und presste die Lippen zu einem schmalen Strich zusammen.

»Aber Ede«, flüsterte sie mechanisch, »das war gar nicht lieb von dir!«

Da legte Ede plötzlich den kleinen Kopf in den Nacken und lachte. Es war ein lautes, ein triumphierendes Lachen, siegesgewiss, frech und voller Verachtung. Leider Gottes war es auch ansteckend. Ehe ihre Mutter sich bewusst gemacht hatte, wie heikel die Situation war, lachte auch sie, ein hörbares, deutliches Lachen, das die gleichen Nuancen hatte wie das ihres Kindes.

Genauso plötzlich hörte sie wieder auf.

Mrs. Markeys Gesicht war zornesrot geworden, und Markey, der mit einem Finger den Hinterkopf des Kleinen befühlt hatte, schaute sie stirnrunzelnd an.

»Es ist geschwollen«, sagte er mit vorwurfsvollem Unterton. »Ich hole etwas Zaubernuss.«

Doch Mrs. Markey hatte die Beherrschung verloren. »Ich finde es überhaupt nicht lustig, wenn einem Kind wehgetan wird!«, sagte sie mit zitternder Stimme.

Die kleine Ede beobachtete indessen neugierig ihre Mutter. Sie merkte, dass ihr eigenes Lachen das ihrer Mutter hervorgerufen hatte, und sie fragte sich nun, ob die gleiche Ursache wohl immer die gleiche Wirkung erzielte. Deshalb warf sie ausgerechnet in diesem Augenblick den Kopf ein zweites Mal zurück und fing wieder an zu lachen.

Für ihre Mutter war dieser neuerliche Heiterkeitsausbruch der Auslöser für einen hysterischen Lachanfall. Sie presste sich ihr Taschentuch vor den Mund und kicherte haltlos. Es war nicht nur eine nervöse Reaktion; vielmehr hatte sie das Gefühl, dass sie auf eine eigentümliche Weise mit ihrem Kind lachte – dass sie gemeinsam lachten.

Es war eine Art von Trotz: sie beide gegen den Rest der Welt.

Während Markey nach oben ins Badezimmer lief, um die Heilsalbe zu holen, ging seine Frau hin und her und wiegte den schreienden Jungen in ihren Armen.

»Bitte gehen Sie nach Hause!«, brach es plötzlich aus ihr hervor. »Das Kind ist bös gestürzt, und wenn Sie nicht den Anstand besitzen, still zu sein, dann gehen Sie besser nach Hause.«

»Na schön«, sagte Edith, nun ebenfalls gereizt. »Ich habe noch nie jemanden aus einer Mücke einen solchen –«

»Gehen Sie!«, rief Mrs. Markey außer sich. »Da ist die Tür, gehen Sie – ich will Sie nie wieder hier in unserem Haus sehen. Sie nicht und Ihr Balg auch nicht!«

Edith hatte ihre Tochter an die Hand genommen und ging rasch zur Tür, doch bei der letzten Bemerkung blieb sie stehen und drehte sich mit wutverzerrtem Gesicht um.

»Wagen Sie es nicht noch einmal, sie so zu nennen!«

Mrs. Markey antwortete nicht, sondern lief weiter auf und ab und murmelte etwas, das nur sie und Billy hören konnten.

Edith fing an zu weinen.

»Ich gehe schon!«, schluchzte sie. »In meinem g-ganzen Leben bin ich noch keiner so g-groben und o-ordinären Person begegnet wie Ihnen. Ich finde es g-gut, dass Ihr

Junge umgeschubst wurde – er ist sowieso bloß ein d-di-cker kleiner Dummkopf.«

Joe Markey kam gerade rechtzeitig die Treppe herunter, um diese Bemerkung mit anzuhören.

»Also, Mrs. Andros«, sagte er scharf, »sehen Sie denn nicht, dass der Junge sich wehgetan hat? Sie sollten sich wirklich beherrschen.«

»Mich beherrschen!«, rief Edith mit bebender Stimme. »Sagen Sie lieber ihr, sie soll sich beherrschen. Ich bin in meinem ganzen Leben noch keiner so o-ordinären Person begegnet.«

»Sie beleidigt mich!« Mrs. Markey war jetzt außer sich vor Wut. »Hast du gehört, was sie gesagt hat, Joe? Ich möchte, dass du sie aus dem Haus wirfst. Wenn sie nicht gehen will, pack sie einfach an den Schultern, und wirf sie raus!«

»Wagen Sie es nicht, mich anzurühren!«, schrie Edith. »Ich gehe sofort – sobald ich meinen M-mantel gefunden habe!«

Blind vor Tränen machte sie einen Schritt in den Haus-flur. Genau in diesem Moment öffnete sich die Tür, und John Andros trat mit besorgter Miene herein.

»John!«, rief Edith und eilte ihm aufgelöst entgegen.

»Was ist los? Ja was ist denn hier los?«

»Sie – sie werfen mich raus!«, heulte sie und fiel ihm in die Arme. »Er wollte mich gerade an den Schultern packen und rauswerfen. Ich brauche meinen Mantel!«

»Das ist nicht wahr«, beeilte sich Markey zu wider-sprechen. »Niemand wirft Sie hier raus.« Er wandte sich an John. »Niemand wirft sie raus«, wiederholte er. »Sie ist –«

»Was soll das denn heißen?«, unterbrach John ihn barsch. »Worum geht es hier überhaupt?«

»Ach, bitte komm einfach mit!«, rief Edith. »Ich will hier weg. Sie sind so *ordinär*, John!«

»Also hören Sie mal!« Markeys Gesicht verfärbte sich dunkel. »Das haben Sie jetzt oft genug gesagt. Ihr Benehmen ist wirklich sehr sonderbar.«

»Sie haben Ede ein Balg genannt!«

Zum zweiten Mal an diesem Nachmittag äußerte die kleine Ede in einem unpassenden Moment ihre Gefühle. Verwirrt und von den lauten Stimmen erschreckt, fing sie an zu weinen, und ihre Tränen vermittelten den Eindruck, als hätte die Beleidigung sie tief gekränkt.

»Was soll denn das?«, polterte jetzt John. »Beleidigen Sie Ihre eigenen Gäste?«

»Es scheint mir eher Ihre Frau zu sein, die hier jemanden beleidigt hat!«, antwortete Markey scharf. »Und Ihr Kind da hat den ganzen Ärger ausgelöst.«

John schnaubte. »Beschimpfen Sie ein kleines Mädchen? Das ist ja ein äußerst mannhaftes Verhalten!«

»Sprich nicht mit ihm, John«, sagte Edith. »Such lieber meinen Mantel!«

»Es muss ja schlecht um Sie stehen«, fuhr John ärgerlich fort, »wenn Sie Ihre Laune an einem hilflosen kleinen Kind auslassen müssen.«

»So etwas Verdrehtes habe ich in meinem Leben noch nicht gehört«, rief Markey. »Wenn Ihre Frau da nur mal eine Minute lang den Mund halten würde –«

»Moment mal! Sie reden jetzt nicht mehr mit einer Frau und einem Kind ...«

Es gab eine kurze Unterbrechung. Edith suchte auf einem Sessel nach ihrem Mantel, und Mrs. Markey hatte sie dabei mit heißen, wütenden Blicken beobachtet. Plötzlich legte sie Billy auf das Sofa, wo er sofort zu weinen aufhörte und sich hinsetzte; sie ging in den Hausflur, fand Ediths Mantel und hielt ihn ihr wortlos hin. Dann kehrte sie zum Sofa zurück, nahm Billy auf den Arm, wiegte ihn und schaute Edith erneut mit heißen, wütenden Blicken an. Die Unterbrechung hatte weniger als eine halbe Minute gedauert.

»Ihre Frau kommt hier herein und fängt an herumzuschreien, wie ordinär wir seien!«, wetterte Markey los. »Nun, wenn wir so furchtbar ordinär sind, dann bleiben Sie uns wohl besser fern! Und vor allem gehen Sie jetzt bitte!«

Erneut lachte John kurz und verächtlich auf.

»Sie sind nicht nur ordinär«, konterte er, »sondern offenbar auch ein schrecklicher Maulheld – zumindest gegenüber hilflosen Frauen und Kindern.« Er packte den Knauf und riss die Tür auf. »Komm, Edith.«

Seine Frau nahm ihre Tochter auf den Arm und trat hinaus, und John, den Blick immer noch voller Verachtung auf Markey gerichtet, machte Anstalten, ihr zu folgen.

»Augenblick mal!« Markey trat einen Schritt vor; er zitterte ein wenig, und zwei große Adern an seinen Schläfen waren auf einmal prall mit Blut gefüllt. »Sie glauben doch nicht, dass Sie sich so etwas bei mir herausnehmen können, oder?«

Ohne ein Wort marschierte John aus der Tür und ließ sie offen stehen.

Edith, die immer noch weinte, war schon losgegangen. John folgte ihr mit den Blicken, bis sie den Hauseingang erreicht hatte. Dann drehte er sich wieder zum erleuchteten Türrahmen um und sah Markey langsam die rutschigen Stufen herunterkommen. Er zog Mantel und Hut aus und warf sie neben dem Weg in den Schnee. Auf den vereisten Steinen ein wenig ins Schlittern geratend, machte er einen Schritt vorwärts.

Beim ersten Schlag rutschten beide aus und fielen mit ihrem vollen Gewicht auf den Gehweg, richteten sich aber sofort wieder halb auf, um sich erneut gegenseitig zu Boden zu ziehen. Auf der dünnen Schneedecke neben dem Weg fanden sie mehr Halt und stürzten aufeinander los, wobei sie beide heftig austeilten und den Schnee unter ihren Füßen zu einem matschigen Brei zertrampelten.

Die Straße war menschenleer, und abgesehen von ihrem raschen, angestrengten Keuchen und dem gedämpften Geräusch, wenn einer von ihnen in den feuchten Matsch fiel, kämpften sie lautlos. Im vollen Mondlicht und bernsteinfarbenen Schein, der aus der offenen Tür drang, waren sie füreinander gut erkennbar. Mehrmals stürzten sie gemeinsam zu Boden, dann tobte der Kampf eine Weile wild und heftig auf dem Rasen weiter.

Zehn, zwanzig Minuten lang rauften sie sich dort im Mondschein ohne Sinn und Verstand. In einer Pause hatten beide in stillschweigender Übereinkunft ihre Jacketts und Westen abgelegt, und nun hingen ihnen die Oberhemden in tropfnassen, breiigen Fetzen vom Rücken. Beide waren zerschunden und blutig und derart erschöpft, dass sie sich nur noch aufrecht halten konnten, wenn sie sich gegenseitig stützten – bei jedem Schlag, ja beim bloßen Ausholen zum Schlag landeten sie auf Händen und Knien.

Doch es war nicht die Erschöpfung, die der Sache ein Ende machte, und die Sinnlosigkeit des Kampfs schien eher ein Grund, nicht damit aufzuhören. Vielmehr ließen sie schließlich voneinander ab, weil sie, während sie sich auf dem Boden wälzten, auf einmal die Schritte eines Mannes auf dem Gehweg hörten. Sie waren, ohne es recht zu merken, in den Schatten gerollt, und beim Geräusch dieser Schritte hielten sie nun mitten im Kampf inne, bewegten sich nicht, atmeten nicht, sondern lagen wie zwei Jungen, die Indianer spielen, dicht aneinandergedrängt da, bis die Schritte verklungen waren. Dann rappelten sie sich auf und sahen sich an wie zwei Betrunkene.

»Ich denk nicht dran, hier noch weiterzumachen«, rief Markey mit belegter Stimme.

»Ich mache auch nicht mehr weiter«, sagte John Andros. »Ich hab die Nase voll.«

Erneut schauten sie sich an, misstrauisch jetzt, als verdächtige jeder den anderen, ihn zu einer Wiederaufnahme des Kampfs verleiten zu wollen. Markey spuckte einen Mundvoll Blut aus, das von seiner aufgeplatzten Lippe stammte; dann fluchte er leise, hob Jackett und Weste auf und schüttelte sie stirnrunzelnd aus, als wäre die Tatsache, dass sie etwas feucht geworden waren, seine einzige Sorge auf der Welt.

»Wollen Sie hereinkommen und sich säubern?«, fragte er plötzlich.

»Nein, danke«, sagte John. »Ich sollte besser nach Hause gehen – meine Frau wird bestimmt langsam unruhig.«

Er hob ebenfalls sein Jackett und seine Weste auf, dann auch Mantel und Hut. Pitschnass und schweißgebadet, wie er war, erschien es ihm absurd, dass er all diese Kleider vor weniger als einer halben Stunde noch am Leib getragen hatte.

»Also dann – Gute Nacht«, sagte er zögernd.

Unvermittelt gingen sie aufeinander zu und schüttelten sich die Hand. Es war kein beiläufiger Händedruck: John Andros legte den Arm um Markeys Schulter und klopfte ihm eine Weile behutsam auf den Rücken.

»Nichts passiert?«, fragte er mit rauer Stimme.

»Nein – und Ihnen?«

»Nein, nichts passiert.«

»Gut«, sagte John Andros nach kurzer Pause, »dann gehe ich jetzt. Gute Nacht.«

Mit den Kleidern über dem Arm machte John Andros sich leicht humpelnd auf den Weg. Der Mond schien immer noch hell, als er den dunklen Flecken zertrampelter Erde hinter sich ließ und über den Rasenstreifen ging. Weiter unten am Bahnhof, eine Meile entfernt, konnte er das Rattern des Sieben-Uhr-Zugs hören.

»Aber du bist ja verrückt«, rief Edith zittrig. »Ich dachte, du wolltest dich mit ihnen vertragen und ihnen die Hand reichen. Deshalb bin ich weggegangen.«

»Wolltest du denn, dass wir uns vertragen?«

»Natürlich nicht. Ich will sie nie wiedersehen. Aber ich dachte eben, dass du es tun würdest.« Sie betupfte seine Blutergüsse an Hals und Rücken mit Jod, während er behaglich in der Badewanne saß. »Ich hole den Arzt«, sagte sie mit Nachdruck. »Vielleicht hast du innere Verletzungen.«

Er schüttelte den Kopf. »Auf keinen Fall«, antwortete er.

»Ich möchte nicht, dass die ganze Stadt Wind von der Sache bekommt.«

»Ich verstehe nicht, wie das alles passiert ist.«

»Ich auch nicht.« Er lächelte grimmig. »Offenbar sind diese Kindergeburtstage eine brutale Angelegenheit.«

»Aber eins ist gut«, sagte Edith hoffnungsvoll, »wir haben für morgen Abend Beefsteak im Haus.«

»Wieso ist das gut?«

»Für dein Auge natürlich. Weißt du, dass ich um ein Haar Kalb bestellt hätte? Haben wir da nicht unglaubliches Glück gehabt?«

Eine halbe Stunde später bewegte John – bis auf den Kragen, den sein Hals nicht dulden wollte, wieder vollständig angekleidet – probeweise seine Glieder vor dem Spiegel. »Ich glaube, ich muss mich wieder in Form bringen«, sagte er nachdenklich. »Ich werde anscheinend alt.«

»Damit du ihn beim nächsten Mal schlagen kannst, meinst du?«

»Ich habe ihn ja geschlagen«, erwiderte er. »Jedenfalls genauso wie er mich. Und es wird kein nächstes Mal geben. Nenne die Leute in Zukunft bitte nicht wieder ordinär. Wenn es Probleme gibt, nimmst du einfach deinen Mantel und gehst nach Hause. Verstanden?«

»Ja, Liebling«, sagte sie kleinlaut. »Das war sehr dumm von mir, und jetzt habe ich es verstanden.«

Auf dem Flur blieb er vor der Kinderzimmertür abrupt stehen.

»Schläft sie?«

»Tief und fest. Aber du kannst hineingehen und sie kurz anschauen – nur um Gute Nacht zu sagen.«

Sie schlichen auf Zehenspitzen in das kühle, dunkle Zimmer und beugten sich gemeinsam über das Bett. Mit gesunden Bäckchen, die rosa Hände fest gefaltet, lag die kleine Ede da und schlief fest. John griff über das Geländer des Bettchens und strich ihr mit der Hand leicht über das seidige Haar.

»Sie schläft«, murmelte er, als erstaune es ihn.

»Natürlich – nach so einem Nachmittag.«

»Miz Andros.« Die Stimme des farbigen Dienstmädchens driftete vom Flur herein. »Mr. und Miz Markey sind unten und wollen Sie sprechen. Mr. Markey is' ganz schön zerschunden, Ma'm. Sein Gesicht sieht aus wie ein Roastbeef. Und Miz Markey, die is' wohl mächtig aufgebracht.«

»Was? Also die haben Nerven!«, rief Edith aus. »Sag ihnen, wir sind nicht zu Hause. Um nichts in der Welt gehe ich da hinunter.«

»Doch, das tust du.« Johns Stimme war fest und entschieden.

»Was?«

»Du gehst jetzt sofort da hinunter, und nicht nur das – egal, was diese Frau tut oder sagt, du entschuldigst dich für das, was du heute Nachmittag gesagt hast. Danach brauchst du sie nie wiederzusehen.«

»Aber – John, das kann ich nicht.«

»Du musst aber. Und wenn es dir schwerfällt, denk einfach daran, dass es ihr wahrscheinlich doppelt so schwer gefallen ist, hierherzukommen.«

»Kommst du nicht mit? Muss ich alleine zu ihnen gehen?«

»Ich komme nach – gleich.«

John Andros wartete, bis sie die Tür hinter sich geschlossen hatte; dann streckte er die Hände aus und nahm seine Tochter, mitsamt der Decke, auf den Arm, setzte sich in den Schaukelstuhl und drückte sie an sich. Sie regte sich ein wenig, und er hielt den Atem an, doch sie schlief ganz fest, und gleich darauf lag sie ruhig in seiner Armbeuge. Vorsichtig neigte er den Kopf, bis seine Wange ihr helles Haar berührte. »Liebes kleines Mädchen«, flüsterte er. »Liebes kleines Mädchen, mein liebes kleines Mädchen.«

John Andros wusste endlich, wofür er an diesem Abend so wild gekämpft hatte. Es war jetzt sein, er besaß es für immer, und eine Weile lang saß er da und schaukelte in der Dunkelheit langsam hin und her.

MARTIN SUTER
Hunold, Manager und Familienvater

Hunold kann auch abschalten und nur für die Familie da sein. In der Regel Ende Juli. Dann lässt er die Firma Firma sein und geht in die Sommerferien. Zwar nicht vier Wochen wie Linda und die Kinder, aber immerhin zehn Tage. Es kommt ja nicht in erster Linie auf die Länge an, die Intensität ist es, die zählt. Und in puncto Intensität ist Hunold stark.

Er kommt so Mitte der zweiten Woche und meidet damit die gehässigen ersten Tage. Bei seiner Ankunft sind die Sonnenschutzfaktoren schon runter auf zehn, und Annina (7) und Terry (9) wissen, wo es die beste Pizza gibt und was »ein Magnum mit Mandelsplitter« in der Landessprache heißt. Linda ist braun genug für die neue Feriengarderobe und bewegt sich mit der Nonchalance einer erschöpften Mutter von zwei kleinen Kindern nach zehn Tagen Kampf gegen Ultraviolett, Quallen, Hitze und unterschiedliche Auffassungen in fast allen Fragen des täglichen Lebens. Wenn Hunold ankommt, ist die Familie bereit für ihn.

Den Abend nach seiner Ankunft *widmet* er Linda. Sobald sie die Kinder ins Bett gebracht hat, besitzt sie seine ungeteilte Aufmerksamkeit. Dann kann sie ihm einmal all das erzählen, wofür ihm sonst seine Managementaufgaben (letztlich ja seine Aufgaben als Ernährer) keine Zeit lassen.

Das ist der Moment, wo er *zuhört,* wo er alles wissen will über die kleinen Sorgen und Sensatiönchen des Alltags einer Mutter zweier Kinder und Frau eines Executive Vice President der Schweizer Niederlassung eines internationalen Markenartiklers. Wenn es nicht zu spät wird oder einer seiner praktischen Ratschläge zu Haushaltführung oder Kindererziehung zu einer Verstimmung geführt hat, intensiviert er nach dem Zubettgehen die Beziehung auch noch über das rein Geistige hinaus.

Der Tag gehört dann der ganzen Familie. Er beginnt mit dem *gemeinsamen* Frühstück. Sich hinsetzen, sich *zuwenden.* »Wie würdest du Qualle schreiben, Annina?« – »Wie heißt das Land, wo wir sind, und wie seine Hauptstadt, Terry?« Kinder sind ja so wissensdurstig.

Das Programm des ersten Tages sieht keinen Strandbesuch vor. Das hat vor allem pädagogische Gründe. Hunold will mit dieser unpopulären Maßnahme seine natürliche Autorität von Anfang an wiederherstellen, Kinder brauchen Führung, sie wollen, dass ihnen jemand sagt, wo es langgeht. Natürlich ist das im Normalfall Linda, aber kann eine Mutter auf die Länge den Vater ersetzen? Ein Tag ohne die Ablenkung des Strandlebens verbessert die Intensität des Zusammenseins. Und auch die persönliche Erreichbarkeit am ersten Tag seiner Firmenabwesenheit.

Hunold *beschäftigt* sich also rückhaltlos mit seinen Kindern. Was sind das für kleine Menschlein, die er hier führt, für die er sorgt, die zu ihm *aufschauen,* die ihm *vertrauen?* Welche seiner Bewegungen, Züge, Charaktereigenschaften, Talente *entdeckt* er in ihnen wieder? Wie kann er *wecken, motivieren, fördern?*

Er versucht ihnen die Landessprache des Ferienortes näherzubringen, denn Kinder lernen Sprachen ja so leicht. Er bemüht sich, ihren Ekel vor Fisch zu überwinden, denn Kinder brauchen Phosphor und Magnesium. Er erzählt ihnen ausführlich über seine Tätigkeit als Executive Vice President, denn Kinder wollen wissen: Was ist das für ein Mensch, mein Papi? Was tut er, wenn er am Morgen früh weggeht und am Abend spät zurückkommt?

Im Bett nach dem ersten gemeinsamen Ferientag fragt Annina ihre Mutter: »Wievielmal schlafen, bis Papi wieder arbeiten muss?«

»Achtmal«, antwortet Linda Hunold ohne nachzurechnen.

FLORIAN WACKER

Ja, Kinder …

… die Kinder, wir müssen unsere Umwelt, ja, wir müssen unsere Welt auch noch für die nachfolgenden Generationen, die Kinder, ja, ich bewundere Sie für Ihre Geduld, für Ihre Ruhe, also ich könnte das nicht, Kinder sind ja etwas Wunderbares, es verändert alles, den Blick, wir müssen unseren Kindern eine Welt hinterlassen, ein Kind braucht nicht viel mehr außer bedingungsloser Liebe, ja, es genügen schon ein Kochlöffel und ein Taschentuch und schon entsteht eine ganz neue Welt, die Fantasie, ja, die Lärmbelästigung des Kindergartens auf der anderen Straßenseite, das ewige Geschrei von nebenan, die kommen ja nicht von hier, die wissen nicht, wie Kinder hier bei uns, ja, Kinder brauchen nur bedingungslose Liebe und Grenzen, natürlich, es muss auch Grenzen geben, da gibt es Grenzen, also ich bewundere Sie dafür, Sie als Mutter, Sie als Vater, und dann schreiben Sie ja quasi nebenbei noch solche Texte, in denen ahnt man nichts von, also quasi in den Nächten schreiben Sie diese Texte, in denen man nicht ahnt, dass Sie noch Mutter, noch Vater, wir schätzen hier die Ruhe und die Abgeschiedenheit, verstehen Sie mich nicht falsch, wir schätzen die Ruhe hier, die Ruhe, aus der gewissermaßen, also, daraus entspringt der Geist, der Genius, verstehen Sie mich nicht falsch, aber Kinder, ja, Kinder, ich meine, wie stellen Sie sich das denn vor, hier, in dieser Abgeschiedenheit, zusammen mit dem Genius, also, es gibt ein Recht auf Ruhe, nicht jeder kann, nicht jeder will, ja, Kinder, diese kleinen Geschöpfe, die noch ganz unberührt sind, aber es muss auch Grenzen geben, im Supermarkt, in der Straßenbahn, in den Arbeitsräumen, es muss auch Stille herrschen, eine Klage, ja, es gibt schon Klagen gegen den unvermeidlichen Lärm, gegen das heraufbeschworene Chaos, die Umgebung, sie ist, nun ja, reizarm, damit sich das Innere entfalten kann, es gibt ja feste Plätze für die Kinder, Kinderplätze, aber die werden Sie nicht bei uns finden, es tut mir leid, es muss auch Prinzipien geben, hier gibt es nichts außer einem Bett, einem Tisch und einem Stuhl, wie wollen Sie da, ja, Kinder, also nein.

Ich soll was?

Stecken Sie ein Ende in die Nase des Babys
und dann tun Sie WAS?!?!

NEIN!

ILDIKÓ VON KÜRTHY

Die ersten drei Wochen

Die Hebamme ist mir, wider Erwarten und wohl auch aus Mangel an Alternativen, sehr ans Herz gewachsen.

Sie kommt jeden Tag und weist mich in den grundlegenden Umgang mit dem Baby und anderen sich nicht selbst erklärenden Dingen ein.

Sie bringt mir und meinem Mann den Fliegergriff bei, eine rasant lässige Art, das Baby auf einem Unterarm zu transportieren. Sie zeigt mir unterschiedlichste Stillpositionen und versucht, klare Antworten zu geben auf Fragen wie: Warum schreit es? Warum schreit es nicht? Was sind das für hässliche Pickel auf seiner Nase? Brauchen andere Leute auch zehn Minuten, um ihr Kind auf dem Autorücksitz festzuschnallen? Schreien andere Kinder auch los, sobald man vor einer roten Ampel zum Stehen kommt? Schläft es endlich? Aber warum so lange?

Denn pennt er nicht, bin ich nicht froh. Pennt er meiner Meinung nach zu lange, ist mir das auch nicht recht, und ich rüttle mal ein bisschen an ihm rum. Mein Sohn, eine ziemliche Schnarchnase, ist wahrscheinlich das erste Baby, das froh ist, wenn seine Mutter endlich durchschläft.

In den ersten Wochen gibt es nichts, was normal ist. Bereits auf dem Weg vom Krankenhaus nach Hause hatte ich bemerkt, dass sich in meiner kurzen Abwesenheit die ganze Welt verändert hatte.

Bäcker, Post, Park: Sollte mir alles vertraut sein, aber es kam mir vor, als sei ich Ewigkeiten fort gewesen. War ich ja auch. Eine Ewigkeit von vier Tagen.

Die Fahrt nach Hause dauerte zwanzig Minuten. Mein Kind, dreieinhalb Kilo schwer und dreiundfünfzig Zentimeter klein, saß hinter mir in der heiklen Babyschale, der Vater neben mir, sehr umsichtig fahrend.

Wir sind zu dritt! Und ich wunderte mich zutiefst, dass sich rechts und links keine begeistert jubilierenden Menschenmassen eingefunden hatten, um uns willkommen zu heißen. Wo waren die Spruchbänder, wo die ausgelassen tanzenden Grüppchen, wo die Musikanten, wo die eigens engagierten Artisten?

Ihr Leute in den Autos und auf den Bürgersteigen, habe ich gedacht, merkt ihr es denn nicht? Die Welt ist nicht mehr so, wie sie war. Denn: Mein Baby ist da!

An der ersten roten Ampel stieg ich zur Sicherheit aus, um kurz zu überprüfen, ob das auch stimmte und ob es noch atmete. Ja, Tatsache, stellte ich erleichtert fest: Mein Baby ist da!

In der ersten Nacht zu Hause schlief ich aus zwei Gründen schlecht. Erstens vor Aufregung, weil neben mir im Beistellbettchen mein Sohn lag. Und zweitens, weil die kostbaren Wolle-Seide-Stilleinlagen im feuchten Muttermilch-Milieu meines BHs einen unerträglichen Gestank nach altem, nassem Schäferhund ausdünsteten.

Gleich am nächsten Morgen befahl ich meinem Mann,

im Drogeriemarkt selbstklebende Einweg-Stilleinlagen zu kaufen.

Mein Leben ist mit einem Mal voll von tückischen Objekten, voller hinterhältiger Gegenstände, mit denen sich das Zusammenleben nicht immer einfach gestaltet.

Mit meinem Sohn kamen gleichzeitig eine Babyschale für die Autorückbank auf die Welt, mehrere langärmelige Bodys mit Bändchenverschluss und ein Kinderwagen inklusive Regenabdeckung. Den Einsatz all dieser Dinge sollte man besser ein paarmal in Situationen üben, wenn es nicht darauf ankommt, dass sie funktionieren. Der Kinderwagen zum Beispiel ist nicht »mal eben schnell« in den Kofferraum zu verpacken, wie ich zehn Minuten vor einer Verabredung feststellte. Die Gebrauchsanweisung lag im Keller, der Wagen unvollständig zusammengeklappt auf der Straße, ein Rad rollte Richtung Westen, und aus dem Auto kam Gebrüll in einer Lautstärke, die man einem halben Meter Mensch nicht so ohne Weiteres zutraut.

Auch die Babyschale samt Baby im Auto festzuschnallen ist eine dreidimensionale Hirnleistung, die jemandem wie mir nicht leicht von der Hand geht. Ich baue auch »IKEA«-Stühle grundsätzlich verkehrt herum zusammen. Und die schreien noch nicht mal.

Zu meinem mangelnden handwerklichen Talent kommt wie bei vielen neugeborenen Müttern noch die sogenannte Still-Amnesie dazu. Eine Vergesslichkeit und Tüdeligkeit, die angeblich hormonell bedingt ist. Verbürgt ist die Geschichte von der Frau, die beim Spaziergang überraschte Blicke erntete, weil sie nach dem Stillen vergessen hatte, die zuletzt benutzte Brust wieder einzupacken.

Johanna hat mehrmals die Babyschale auf dem Fahrersitz angeschnallt. Meiner Nachbarin Maria war der Vorname ihrer Schwiegermutter entfallen, ich habe meinen PIN-Code mit der Telefonnummer meines Mannes verwechselt und gleich in der ersten Woche die Schnuller, die ich abkochen wollte, auf dem Herd vergessen. Der Topf war hinüber, die Schnuller sahen aus wie verkohlte Hähnchenteile, und der beunruhigende Geruch von versengtem Plastik hing noch tagelang in der Küche.

Schnuller und Feuchttücher haben sich sehr rasch als zwei der absolut unverzichtbaren Accessoires für das zufriedenstellende Zusammenleben mit unserem Kind herausgestellt.

Mein Schlömchen, so die neueste Verniedlichungsform, ist ein zweihundertprozentiges Säugetierchen. Er bevorzugt zum Einschlafen zwei Schnuller: einen im Mund und einen in der Hand.

Mein Mann findet das in erster Linie unmännlich. Ich finde es in erster Linie praktisch. Volume Control ist etwas, das beim Baby nämlich nicht ab Werk mit eingebaut ist.

Der Gebrauch von Feuchttüchern wird dir so selbstverständlich wie das Ein- und Ausatmen. Denn meistens kommt aus irgendeinem Loch deines Babys irgendwas mäßig Appetitliches raus.

Es ist so, dass doch einiges stimmt, was einem erfahrene Mütter und Hebammen erzählen. Leider.

Die Behauptung, dass man als Mutter den Tag über gerne mal im Schlafanzug herumläuft und froh ist, wenn man bis zum Nachmittag überhaupt eine Dosensuppe gegessen hat, hielt ich zum Beispiel für weit hergeholt.

Mein Körper ist an regelmäßige, qualitativ hochwertige und sehr große Mahlzeiten gewöhnt. Und meine Schlafanzüge sind nicht repräsentabel.

Was soll ich sagen? Bereits heute, keine drei Wochen nach der Geburt, wundert sich der Postbote – er kommt so gegen vierzehn Uhr –, wenn ich ihm geschminkt und komplett bekleidet die Tür öffne und meine Haare nicht aussehen, als hätten sie nachts versucht, meinen Kopf zu verlassen – und zwar jedes in einer anderen Richtung. Dosensuppen sind mir mittlerweile echt zu aufwendig in der Zubereitung. Käsebrot, Schokoriegel, kalte Bockwürstchen mit fertigem Gurkensalat. Alles Delikatessen für Frauen, die gerade das Windelwechseln, Kinderwagenschieben, Stillen, Nervenbewahren, Muttersein erlernen.

Im Grunde genommen bist du den ganzen Tag mit der Säuglingspflege beschäftigt.

Eine weitere betrübliche Tatsache, die leider ebenfalls der Wahrheit entspricht, ist, dass einem mit der Nachgeburt auch der Humor abgeht.

Es ist eine Sache, wenn ich selbst mein Kind als »Dickmops mit Kartoffelnase, der zunehmend aussieht wie Menowin Fröhlich« bezeichne. Ich darf das sagen, denn es entspricht den Tatsachen, aber ich liebe ihn trotzdem.

Aber schon der gehauchte Versuch eines Fremdscherzes auf Kosten meines Sohnes, und jahrzehntelange Freundschaften stehen binnen Sekunden zur Diskussion. Eine Freundin bezeichnete meinen kleinen Jungen neckisch als »langweilig«, weil er ihren Besuch verschlief. Und ein Freund aus Berlin sagte belustigt bei seinem ersten Besuch: »Hübsch sieht er ja nicht aus, aber dafür interessant.«

Und als neulich unsere Nachbarin einen Blick in den Kinderwagen warf und rief: »Oh! Der hat aber ... ah ... süße Socken!«, musste mein Mann mich tagelang trösten und an Zeiten erinnern, in denen wir selbst zu den Leuten gehörten, die glaubten, man könne mit Eltern umgehen wie mit ganz normalen Menschen.

Mein Sohn ist kräftig gebaut, daran ist nichts herumzudeuteln. Und mir ist selbst klar, dass es Babys mit, nun ja, feineren Zügen und angesagterer Frisur gibt.

Bei einem Abendessen bei Freunden, das wir am vergangenen Wochenende mit ihm besuchten, kam er bedauerlicherweise neben einem bezaubernden Prachtbaby zu liegen.

Im Keller hatte Flora, die Gastgeberin, einen Au-pair-überwachten Bereich für die beiden angekündigten Neugeborenen und andere schlafbedürftige Menschen, wie zum Beispiel Betrunkene, eingerichtet.

Ich betrachtete meinen weitgehend haarlosen, pickeligen Moppel, der neben dem elfenhaften Mädchen mit dunklen Löckchen keine gute Figur machte, und stellte fest, dass Schlomo der erste Mann ist, den ich bedingungslos super finde und sogar mit Bauch und Glatze liebe.

Gleichzeitig stellte ich fest, dass ich meine Stilleinlagen vergessen hatte. Aber mit der Hilfe des Au-pair-Mädchens gelang es mir, aus zwei Slipeinlagen leidlich tauglichen Ersatz zu basteln.

So viel zur Restwürde frischgebackener Mütter. Die ist kaum größer, als eine Slipeinlage dick ist.

Wie unglaublich gut und beruhigend ist es doch in diesen aufregenden Zeiten, wenn die Hebamme zum täglichen

Hausbesuch kommt und dir dein Baby und die traurigen Überreste deines Körpers erklärt.

Ich kann mir nicht vorstellen, wie ich jemals ohne sie leben soll. Ich sehe sie jedes Mal mit Wehmut gehen. Und heute hat sie sich für immer verabschiedet. »Hab Vertrauen in dich und dein Kind«, sagte sie.

Ich sah ihr nach. Irgendetwas hing an ihrem Absatz. Ich wollte ihr noch nachrufen. Aber sie war schon zu weit weg.

Es war eine selbstklebende Stilleinlage.

Babyschwimmen

♂ SUBJEKTIVITÄT

Es beginnt eigentlich ganz harmlos, mit einem Wechsel vom Singular zum Plural: »Wir sind schwanger.« Das ist natürlich Unsinn: S. ist schwanger, ich bin es nicht und werde es niemals sein können – dennoch ist die Formel in meinem Bekanntenkreis durchaus üblich und ruft keinen besserwisserisch-biologistischen Widerspruch hervor. Schließlich signalisiere ich als Mann mit dieser wohlfeilen Sprachgeste meine uneingeschränkte Solidarität mit der rundlicher werdenden, unter Schwangerschaftsübelkeit, Rückenschmerzen und Schlaflosigkeit leidenden Gattin (→ Groteske Körper).

Es geht weiter mit dem vollständigen Verlust der ersten grammatikalischen Person, nicht nur in der Ein-, sondern auch der Mehrzahl, meist unmittelbar nach der Geburt: »Jaaaa, das ist dein Papa! Guck mal, was der Papa da macht! Der Papa muss jetzt deine Windeln wechseln, deinen Nabel desinfizieren, an deinen süßen Stinkefüßchen riechen! Der Papa macht dies, der Papa macht das, der Papa hat dich ganz doll lieb!« Ebenfalls Unsinn: Ich bin der Vater, ich liebe meine Tochter – dennoch quatsche ich wie weiland

Julius Cäsar (sowie quasi alle mir bekannten Jungeltern), wenn ich mit dem Neugeborenen spreche und mich unbelauscht wähne, von mir selbst in der dritten Person.

Es folgt zu guter Letzt: der vollständige Perspektivwechsel. Zum Beispiel beim Formulieren der Geburtsanzeige. Oder wenn man ein Fotoalbum anlegt, ganz altmodisch und analog, man klebt Fotos des Neugeborenen ein, versieht sie mit Bildunterschriften – und ehe man sich's versieht, hat man sich in die mutmaßliche Gefühls- und Gedankenwelt des Säuglings begeben und dessen noch unartikulierte Äußerungen in Worte gefasst: »Holla, hier bin ich! 48 Zentimeter groß, 2250 Gramm schwer, geboren am 13. März. Kommt mich doch bald mal besuchen!« – »Guckt mal, ich fühle mich in meinem neuen Strampelanzug pudelwohl!« – »Meine Eltern sind total übermüdet, aber ich bin die ganze Nacht wach und mir geht's prima!«

Und damit ist es vollbracht: Die Selbstaufgabe ist vollzogen. Die Eltern haben das teuerste Gut, welches das moderne Subjekt kennt, nämlich ihr Ich-Bewusstsein, aufgegeben. *Non cogito, ergo non sum.* Sie sind fortan keine Individuen mehr, keine autonomen Persönlichkeiten mit eigenen Bedürfnissen, Wünschen und Gefühlen, sondern nur noch Anhängsel ihrer Kinder (→ Stammbaum). Folgerichtig verlieren sie auch ihre Eigennamen und werden beim Kinderarzt, beim Babyschwimmen, in der PEKiP-Gruppe fortan grundsätzlich nur noch über den Vornamen ihres Kindes identifiziert: »Sind Sie die Mama von der Kassandra?« – »Kann der Samuel-Papa jetzt endlich mal aufhören zu quatschen und seinem Sohn die Schwimmflügelchen anziehen?«

Unsere Urgroßeltern, die von ihren Kindern noch untertänigst mit »Herr Vater« und »Frau Mutter« angeredet wurden, dürften ihren vermoderten Ohren nicht trauen – so sie sich nicht gleich im Grab umdrehen. Moderne Mütter und Väter ähneln zunehmend seelenlosen Zombies, Golems oder anderen Kreaturen, die sich vor allem durch eine Eigenschaft auszeichnen: Sie sind anderen Menschen bedingungslos gefügig. Und was das Schlimmste ist: Sie haben – wie Rabbi Löw in dem Stummfilm-Klassiker *Der Golem, wie er in die Welt kam* – ihre Herrinnen und Herren selbst erschaffen!

Wenn andere sie fragen: »Wie geht es dir?«, antworten sie automatisch mit: »Danke, den Kindern geht es gut.« Wenn sie Auskunft darüber geben sollen, wie ihr Wochenende war, erzählen sie stattdessen von den Verdauungsbeschwerden ihres Neugeborenen. Und wenn sie darüber schreiben wollen, wie sich ihre Subjektivität durch die Vaterschaft verändert und verkompliziert hat, dann schreiben sie von sich selbst in der dritten Person.

Denn natürlich meine ich, wenn ich »sie« schreibe, die ganze Zeit mich.

ANNE REINECKE
Du machst das toll

Bitte wählen Sie beim Lesen eine der folgenden Stimmen aus Ihrem Kopf: ein entfernt bekannter Mann, ein vertrauter Mann, eine Freundin ohne Kind, eine Freundin mit Kindern, die eigene Mutter, der eigene Vater.

Du machst das so toll. Stillst du? Das finde ich toll. Echt. Das hat einfach so viele Vorteile. Studien haben gezeigt, dass, ach, guck mal, voll süß gerade, der Kleine! Der guckt immer so lustig, das hat er von dir. So niedlich. Ich finde ja, jede Frau kann stillen. Man muss es halt auch wirklich versuchen. Ich denke, viele wollen eben nicht richtig. Die haben wahrscheinlich Angst um ihren Körper und verkrampfen sich dann so, und dann geht halt auch nichts. Ich finde es gut, dass du da so cool bleibst. Echt, richtig gut. Man darf sich da auch nicht so verrückt machen lassen, auch bei so Beauty-Standards, weißt du, wie ich meine? Ich meine, dein Körper hat ein *menschliches Wesen* hervorgebracht. *Du bist eine Göttin,* quasi. Das gehört ja auch gefeiert, erst mal. Ist ja alles Kopfsache, zum Beispiel auch mit dem Gewicht. Man darf sich halt nur nicht gehen lassen. Die Miri, die ist auch total cool und entspannt, und da siehst du *nichts* mehr. Die hat eben die Schwangerschaft nicht als Entschuldigung fürs Essen genommen, und: alles gut. Was? Nein, so hab ich das nicht gemeint, leg doch nicht immer alles auf die Goldwaage, natürlich sollen sich Frauen nicht fürs Essen entschuldigen, ich meine nur: Das ist alles eine Frage der Einstellung. Weißt du, was ich bewundere? So Muttis, die so richtig fit sind. Weil da so viel Arbeit drin steckt. Davor habe ich Respekt. Aber natürlich darf man's auch nicht übertreiben. Immer schön locker, sage ich. Du machst das schon ganz richtig, das hat ja Zeit. Und voll süß, der Kleine. Schläft er denn schon durch?

Sag mal, war das eigentlich so geplant, also, jetzt der Zeitpunkt und die Schwangerschaft überhaupt, meine ich, weil, du bist ja jetzt auch schon, wie alt noch mal genau? Das ist ja schon vergleichsweise spät. Für ein erstes Kind. Also, als Frau, meine ich. Wobei, das wird ja immer später mittlerweile, gerade bei Akademikerinnen. Du bist doch Akademikerin, irgendwie, oder? Und zu früh ist ja auch nicht gut. Mit Anfang zwanzig hat man ja noch gar keinen Plan, wer man selber ist, da frage ich mich schon manchmal, wenn ich so junge Mütter sehe, na ja. Muss ja jeder selber wissen. Was? Ja, und jede. Fängst du jetzt auch mit so Genderzeug an, oder was? Ist ja lustig. Also, was ich sagen wollte: Ich hätte das nicht gekonnt, so früh. Aber jeder ist ja anders. Jede. Alle. Alle sind anders. Und den perfekten Zeitpunkt gibt es sowieso nicht, sage ich immer. Nur, irgendwann lässt sich die Natur eben nicht mehr so gut austricksen. Ich hab da neulich so eine Statistik gelesen, das Fehlgeburtsrisiko steigt ja massiv an mit dem Alter. Das war mir gar nicht so klar. – Weil halt auch niemand drüber redet! Da gibt es noch viel zu viele Tabus. Wir müssen viel mehr über so etwas reden. Gerade Frauen. Frauen müssen viel mehr über so etwas reden. Wie war das denn bei dir? Hattest du auch Fehlgeburten? Hm? Wirklich nicht? Mir kannst du das ruhig erzählen, ich halte das aus. Nicht? Na, da hattest du aber echt Glück. Da frage ich mich nur eben schon, warum erst jetzt? Also, nicht falsch verstehen. Du machst das toll. Aber wolltet ihr nicht früher? Ihr seid doch schon so lange zusammen. Oder hat es nicht früher geklappt? Manche Paare machen ja dann nur noch so Sex nach Fahrplan, das stelle ich mir auch, na ja, ich meine, schön ist anders, man muss ja auch auf die Beziehung achten. In erster Linie ist man ja Paar. Das finde ich ganz wichtig, auch später, wenn das Kind dann da ist. Wie war das denn bei euch? Ihr wirkt ja immer noch ganz glücklich. Du strahlst immer so. Voll schön. Du hast aber eben auch einen richtig tollen Mann. Da hast du echt Glück. Aber gerade deshalb frage ich mich, warum ihr nicht früher – oder war es vielleicht sogar künstliche Befruchtung, in deinem Alter, meine ich? Was? Ja, ich weiß, dass er drei Jahre älter ist als du, aber darum geht es ja nicht, ich rede ja von Biologie, und da geht es ja nicht um Männer. Aber schon krass, was heute alles möglich ist, einerseits toll, aber bei manchen Sachen denke ich mir auch wirklich, na ja, ich meine, man muss nicht alles machen, was machbar ist, oder? Bei Gianna Nannini zum Beispiel, wie alt war die damals noch mal? Da frage ich mich schon – manchmal will einem die Natur ja auch was sagen. Aber das muss ja jeder selber wissen. Oder war das ein Unfall? Also, bei dir jetzt, meine ich. Oft werden Frauen ja genau dann schwanger, wenn sie eigentlich mit der Familienplanung abgeschlossen haben.

Das hört man ja immer wieder. Erzähl doch mal, ich finde, wir müssen viel mehr über so etwas *reden!*

Ich find's auch irgendwie toll, dass du wieder arbeitest. Auf ne Art. Das ist ja auch gut für das Kind, wenn es sieht, dass die Mama was macht! Echt, Hut ab, ich meine, die meisten könnten das nicht, glaube ich, den kleinen Kerl so lange allein lassen, und dann noch über Nacht. Was? Ach so, ja, natürlich ist er nicht allein, aber du weißt schon, wie ich das meine, der Papa ist halt nicht die Mama. Nur die Mama ist die Mama. Was? Ja, klar, er macht das toll, ist ja auch ein echt toller Mann. Da hast du wirklich Glück, dass der so mithilft! Hm? Ja, natürlich ist es auch sein Kind, das ist doch klar. Ich meine auch nicht *mithelfen* in dem Sinne, ich meine nur: Das macht halt auch nicht jeder. Da hast du eben Glück, nicht? Das muss man ja auch einfach mal anerkennen können. Ist doch was Gutes. Hm? Ach, Mann. Ich meine, ähm, Frau? Mensch! Mensch, sei doch nicht immer gleich so, natürlich hat er es auch nicht schlecht getroffen mit dir. So meine ich das doch nicht. Aber schon gut, ich versteh das ja, das ist ja auch anstrengend alles. Alles gut. Ich will ja nur sagen, dass du das ganz toll machst. Jetzt guck doch nicht schon wieder so! Ihr *beide* macht das toll. Beide. Toll. Ganz toll. Guck mal, ich hab dir da so einen *Frauenpower*-Tee mitgebracht.

Ach, und danke noch mal für die Karte! Voll süß, der Kleine. Warum habt ihr eigentlich dieses Foto ausgesucht? Was? Nee, nee, voll süß. Echt.

Wie alt ist denn der Kleine jetzt? Also, die Emmi hat in dem Alter durchgeschlafen. Aber jedes Kind ist anders. Da darf man sich nicht vergleichen. Das kommt bestimmt bald.

Vielleicht auch mal das Stillkonzept überdenken. Was? Na, Konzept halt, Struktur. Schläft er denn noch bei euch im Bett? Ich meine, ich könnte das nicht. Aber ich bin auch anders. Jeder ist anders. Und ich finde das so toll, dass du stillst, wirklich. Das ist so wichtig. Und es macht noch mal eine ganz besondere Bindung, nicht? Das sieht man gleich. Wie der dich anguckt, der Kleine, das ist schon süß. Und in seinem Alter ist das ja noch voll okay. Zu kurz ist ja auch nicht gut. Ein halbes Jahr mindestens, finde ich. Das sagt auch die WHO. Neun Monate sind aber besser. Ein Jahr ist auch noch okay, ist ja auch was Schönes und jeder ist ja anders. Aber danach wird es halt irgendwann komisch, oder? Da frage ich mich dann schon, ob die Mütter das nicht eher für sich selbst machen. Weißt du, diese Übermuttis, die es auch nicht hinkriegen, ihr Kind in der Kita zu lassen und so. Das sagt sogar Jesper Juul. Erinnerst du dich noch an meine Nachbarin? Die Manu? Das war schon krass. Bisschen creepy, wenn du mich fragst. Und irgendwann ist die Brust ja dann auch wieder für den Mann da, oder? Dafür ist sie ja gemacht. Der hat ja quasi ältere Ansprüche, wenn du weißt, was ich meine. Ich meine, wenn die Kinder dann sprechen und laufen können, wenn die dann *selber* ankommen und *sagen,* dass sie die Brust wollen, das ist doch irgendwie, na ja, eklig ist vielleicht das falsche Wort, aber du bist ja nicht sein Schnullerersatz. Was? Brustersatz? Na, wenn man das so sehen will, *okay,* aber du verstehst schon, was ich sagen will. Toms Mutter hat ja damals Senf auf ihre Brustwarzen geschmiert. Das war ja noch eine ganz andere Zeit. Aber es hat funktioniert. Bis heute kann der keinen Senf sehen, dem wird dann richtig schlecht, das ist so lustig.

Sag mal, du warst doch auch eine Risikoschwangerschaft, oder? Ich frage, weil, die Nora ist jetzt fast im vierten Monat, aber weil sie noch nicht fünfunddreißig ist, übernimmt die Kasse die Fruchtwasseruntersuchung nicht. Aber sie hätte halt schon gern die Sicherheit. Wie war das denn bei dir? Was? Du hast das nicht machen lassen? Aber du hättest doch Anspruch darauf gehabt, oder? Krass. Ich dachte immer, du bist *pro choice* und so. Hm? Na, ich finde schon, dass das was miteinander zu tun hat. Aber stimmt natürlich, es gibt ja auch ein Recht auf Nichtwissen. Ich dachte nur, weil du sonst ja doch auf die Schulmedizin setzt. Du bist ja nicht so eine Ökotante, eigentlich. Ihr lasst den Kleinen ja auch impfen und so, oder? Na ja, es ist ja gut gegangen. Da habt ihr echt Glück gehabt. Hm? Ja, nee, so meine ich das nicht. Das sind ja auch irgendwie, na ja, ganz besonders süße Kinder. So lieb. Total drollig. Und muss ja jeder selber wissen.

Habt ihr eigentlich schon einen Kitaplatz? Hm? Ja, das ist wirklich krass. Die Miri sucht auch immer noch. Das war im Osten echt besser. Da waren die Frauen auch einfach emanzipierter als im Westen. Da hatten die ja alle einen Beruf. Was? Nee, klar, den Abwasch haben sie trotzdem gemacht, und Staatsratsvorsitzende waren sie auch nicht. Da hast du schon recht. Obwohl, die Margot Honecker, aber das ist vielleicht kein gutes Beispiel. Na, wird schon werden. Man muss halt ein bisschen hinterher sein. Mit der Kita, meine ich.

Ich find's total gut, dass ihr immer noch so viel macht, mit dem Kleinen jetzt. Echt, total gut. Den könnt ihr ja wirklich überallhin mitnehmen. Da habt ihr echt Glück.

Aber das ist ja auch Einstellungssache. Die Vanessa kann das zum Beispiel gar nicht, die hat so viele Ängste, das ist so krass, die krabbelt den ganzen Tag hinter dem Kleinen her und räumt alles weg, was irgendwie gefährlich sein könnte. Das ist so schade, die kann ihr Kind gar nicht richtig genießen. Man muss sich doch auch mal locker machen können. Das ist schon ein bisschen psycho bei der, wenn du mich fragst. Da hat der Jens es echt nicht leicht, als Vater. Hm? Nee, der ist ganz normal. Komparatist ist der, glaube ich.

Was ich noch sagen wollte: Du siehst toll aus. Echt. Irgendwie sanfter, das steht dir gut. Früher hast du manchmal so verbissen geguckt, das ist jetzt weg. Voll schön.

LAURA DE WECK
Babyboom

FRAU LÜTHI,
ihr Hund ROCKI

Frau Lüthi steht in ihrer Wohnung und reisst das Fenster auf.

FRAU LÜTHI Wer schreit denn da so rum! Gebt doch endlich mal Ruh!

Sie knallt das Fenster zu und spricht zu ihrem Hund.

Mein Gott, Rocki, jetzt haben die Duponts von nebenan auch noch Zwillinge bekommen, da fragt man sich schon, ob es in diesem Land überhaupt noch die Pille gibt. Wir kommen doch jetzt schon gar nicht mehr in die eigene Wohnung, weil der Eingang mit Kinderwagen vollgestopft ist. Und die Frau Stämpfli von oben hat auch wieder einen dicken Bauch und hat mich mit diesem strahlenden, dicken Kopf angeguckt, den die schwangeren Frauen immer kriegen, und hat gesagt, das sei jetzt doch eine Überraschung gewesen, dass sie wieder schwanger sei. Und da hab ich nur für mich gedacht, dass man doch inzwischen genug aufgeklärt sei, wie denn nun der Samen in das Ei käme, und trotzdem sind die jungen Männer und Frauen jedes Mal ganz erstaunt, dass die Apparaturen zwischen den Beinen eben doch funktionieren, wenn sie mal das Verhüterli auslassen.

Es ist mir überhaupt ein Rätsel, warum gerade jetzt wieder der Kinderboom ausgebrochen ist. Seit 1968 waren nicht mehr so viele Babys wie in diesem Jahr rausgepresst worden. Ach Rocki, wahrscheinlich haben all die Kleinkinder eben doch damit zu tun, dass die jungen Menschen nicht mehr die Zeitung lesen. Sonst würden sie ja sehen, dass sich das mit der Fortpflanzung gar nicht mehr lohnt: Das Klima am Ende, die Moral ist flöten gegangen, und den verrückten Putin werden die unschuldigen Kinderaugen auch nicht daran hindern, auf den roten Knopf zu drücken.

Vielleicht wollen die jungen Mütter und Väter aber eben doch nur ihre Rente retten. Oder es sind unsere Winter, die immer länger und kälter werden, wo die Leut gar nicht mehr wissen, was sie mit sich anfangen sollen. Oder es ist gerade Mode, ein Kind an sich rumzutragen. Oder es ist diese Neue Hoffnung, dass es einfacher geworden ist, jetzt, wo auch die Väter mithelfen und wo doch tatsächlich im Fernsehen ein Mann gefragt wurde, wie er denn Familie und Beruf unter einem Hut kriegen würde. Und da hat man es ihm direkt angesehen, dass er genauso wenig weiss, wie man einen Holle-Brei zubereitet, wie es mein Manfred damals gewusst hat.

Frau Lüthi reisst wieder das Fenster auf.

FRAU LÜTHI Welcher Balg schreit denn da schon seit Stunden rum!? Es gibt noch Leut, die nachdenken müssen!

Sie macht das Fenster wieder zu.

FRAU LÜTHI Wenn es doch wenigstens die eigenen Enkelkinder wären, da könnt ich es grad noch aushalten, aber die hocken ja in Singapur und reden irgendeine Sprache, die das eigene Grossi nicht versteht, und besuchen einen nur, wenn sie auf dem Weg in die Berge sind, weil sie ja lieber Ski fahren als mit dir zu spielen, Rocki. Ja, so ist es, die wirkliche Familie gibt es schon längst nicht mehr. Aber die jungen Eltern klammern sich an die Familie fest als wäre es ein seltener Rohstoff, und decken sich Kind für Kind mit Liebe ein, aber kaum sind die Kinder aus der Schule, gehen sie mit ihrer Liebe ganz woanders hin, und man selbst bleibt ganz ausgemergelt zurück!

Es klingelt an der Tür, Frau Lüthi macht wütend auf, der fünfjährige Tom steht da.

TOM Mama hat mir heut gesagt, dass wenn das Baby in ihrem Bauch auf die Welt kommt, ich dann mit dem Baby mein Zimmer teilen muss, und da bin ich so bös geworden und hab so geschrien, dass der Papa gesagt hat: Dann geh doch zu Frau Lüthi und schrei mit ihr aus dem Fenster raus, dann regst du dich vielleicht wieder ab. Und jetzt wollt ich fragen, ob Sie denn auch mit mir zusammen aus dem Fenster schreien täten?

INGRID NOLL
Liebe auf den ersten Schrei

Gibt es eigentlich vollkommen selbstlose Liebe, die keiner Erwiderung bedarf? Wenn wir uns mit Hingabe unseren Herzallerliebsten zuwenden, wollen wir möglichst viel zurückbekommen, sonst werden warme Gefühle irgendwann erkalten. Freundschaften, Ehen, Partnerschaften, Familien basieren auf einem unausgesprochenen Deal: Gib und dir wird gegeben. Ausnahmen sind wohl jene besonders idealistisch oder gläubig veranlagten Menschen, die aus altruistischen Gründen jede Kreatur ins Herz schließen und nicht nach einer Gegenleistung streben – aber sicherlich lassen sie sich auch ein geheimes Hintertürchen offen. Zu dieser karitativen Gruppe möchte ich mich nicht zählen, und doch gibt es auch für mich eine große Liebe, die ich für nahezu uneigennützig halte.

Schon lange hatten seine Eltern auf das ersehnte Kind warten müssen. Und auch wir Großeltern hofften, zitterten und bangten mit unserer Tochter. Nach neun Monaten saßen wir wie auf glühenden Kohlen, ständig auf der Lauer nach einem Anruf. Irgendwann klingelte tatsächlich das Telefon, ich nahm ab und hörte nichts als kräftiges Gebrüll. Man hatte dem neuen Erdenbürger direkt nach der Entbindung ein Handy vorgehalten. Dieser erste Schrei löste etwas aus, das sich nur schwer in Worte fassen lässt – war es ein animalischer Beschützerinstinkt oder eine postklimakterische Ausschüttung des Bindungshormons Oxytocin oder am Ende gar Liebe? Nicht auf den ersten Blick, sondern auf den ersten Schrei? Auch bei der Geburt unserer anderen Enkel wurden wir sofort informiert, aber stets durch die begeisterten Eltern und nicht durch die Protagonisten persönlich.

Um das Enkelkind kennenzulernen, setzte ich mich schleunigst in den Zug und fuhr nach Berlin. An die Reise, die Fahrt mit dem Taxi und die Ankunft kann ich mich nicht erinnern, nur an das überwältigende Glücksgefühl, als ich das Neugeborene im Arm hielt. Wir wärmten uns gegenseitig, und ich erkannte voller Stolz, dass es ohne mich diesen kleinen Menschen niemals gegeben hätte. Wir Großeltern freuten uns sehr, als unsere Tochter nach zwei Jahren mitsamt ihrem kleinen Sohn zurück in die alte Heimat zog.

Auch andere Großmütter haben das Vergnügen, schon in aller Frühe von der berufstätigen Tochter angerufen zu werden: »Ich bringe dir gleich ein kotzendes Kind!« Dann vergeht der Vormittag mit Enkel und Eimer und stundenlangem Vorlesen. Tucholsky sagte: *Liebe ist, wenn sie dir die Krümel aus dem Bett macht*. Liebe ist natürlich auch, wenn man ohne einen Laut des Ekels den Eimer leert, stillschweigend Chaos beseitigt, lächelnd über Legosteine stolpert, verschütteten Apfelsaft aufwischt, zerbrochene Gegenstände hinter dem Rücken des Opas entsorgt, Fahrdienste leistet und dabei niemals flucht. Wenn man ohne mit der Wimper zu zucken das Sofa neu beziehen lässt, weil es als Trampolin diente. Wenn man sich auch noch freut, zur Weihnachtszeit im Theater zu sitzen, um mit lauter Zwergen das tapfere Schneiderlein zu bewundern oder um mit fremden Eltern, Tanten und Omas auf unbequemen Stühlchen zu hocken und bei der Einschulung des Enkels eine Träne abzuwischen. Wenn es kein Erwachsener sieht, lässt man sogar hässliche Plastikfigürchen über den Teppich hoppeln und behauptet abwechselnd mit dem infantilen Spielpartner: *Aber meiner täte jetzt sagen …*

Unvergesslich bleibt mir eine kleine Reise ins Engadin – gemeinsam mit dem neunjährigen Enkelkind. Beim Abendessen im Hotel bekommt nach und nach fast jeder Gast sowie die Kellner und Kellnerinnen einen appetitanregenden Witz zu hören. *Kannibalensohn mault: Mama, ich mag meinen Lehrer nicht! Kannibalenmutter befiehlt in strengem Ton: Es wird gegessen, was auf den Tisch kommt!*

Die meisten im Restaurant müssen lachen, aber ein älterer Herr starrt etwas befremdet auf die eigene Fleischportion und dann auf den kleinen Kerl, der von seinem Erfolg als Entertainer so hingerissen ist.

Höhepunkt und Abschluss der Reise soll eine gemütliche Kutschfahrt durchs autofreie Fextal werden. Ich bin begeistert vom Alpenpanorama mit den Schneebergen im Hintergrund und will meinen Enkel dauernd auf die Schönheiten der Natur aufmerksam machen: auf grasende Kühe, Lamas, unsere braunen Freibergerpferde und das fröhliche Gebimmel der Glöckchen. Anscheinend kann ich meinen Enthusiasmus nicht mit ihm teilen.

»Oma, soll ich mal eine Geschichte erfinden?« – »Besser heute Abend, dann erzählen wir uns beide etwas Schönes vor dem Einschlafen. Jetzt wollen wir doch die Kutschfahrt genießen!« Aber er legt trotzdem los. Kapitel eins: Die Abenteuer der drei Chimären. Jede dieser Kreaturen besteht wiederum aus drei anderen Tieren, zum Beispiel Chamäleon, Löwe und Kolibri. Und da es sich um außerordentlich seltene Exemplare handelt, werden die Fabelwesen zu Forschungszwecken gefangen gehalten.

»Schätzchen, sieh mal, ein Wasserfall!« – Nur ein kurzer Blick. »Oma, jetzt wird es richtig spannend. Das Gehege der Versuchsanstalt ist zwar echt cool, also total modern, aber die Wärter sind so was von gemein!« – »Hast du gerade gehört, unsere Rösslein schnauben! Ob sie es wohl aus purer Lebensfreude tun?« – »Das machen doch alle Pferde. Oma, hörst du mir überhaupt zu? Die dritte Chimäre besteht aus Waschbär, Ente und Marienkäfer und kann deswegen laufen, klettern, schwimmen und fliegen …«

Es muss wohl Liebe sein, dass ich zwar seufze, ihn aber nicht mehr unterbreche, obwohl ich eigentlich den Zauber dieser Landschaft einatmen möchte. Mein kleiner Junge ist nicht mehr zu bremsen und berieselt mich ununterbrochen wie der plätschernde Bach, der uns so munter begleitet. Bei der Ankunft im Hotel geht es gleich weiter. Erst der Kannibalenwitz für den Portier, dann Kapitel zwei für die müde Oma: die Flucht der drei Chimären. Und ich sage immer noch nicht: »Halt endlich mal die Klappe!«

Gelegentlich gibt es jedoch Fragen, die mir zu denken geben. Als Vierjähriger wollte der Enkel bereits wissen: »Oma, wenn du dich totgelebt hast, kriege ich dann deine silberne Taschenlampe?«

Im Gegensatz zu den habgierigen Enkelkindern handeln

wir Großeltern ziemlich uneigennützig, sind aber doch etwas erleichtert, wenn die Kleinen wieder abgeholt werden. Allerdings ertappe ich mich gelegentlich bei dem Gedanken: Wenn er ein paar Jahre älter ist, könnte er vielleicht den Rasen mähen. Und in acht Jahren macht er den Führerschein und wird dann bestimmt mal tanken und meinen Wagen durch die Waschstraße fahren ... Denn ganz ohne gesunden Egoismus klappt es nicht mit der selbstlosen Liebe.

Flügelschatten

Für meine Großmutter, meine Mutter und meine Tochter.

Jetzt, da ich ein Kind habe, könnte man wohl sagen, dass ich in der Mitte meines Lebens stehe. Aber diese Mitte ist kein Ort, von dem aus ich in alle Richtungen schaue. Die Mitte ist auch kein Ort des Reichtums, kein Ort von Weisheit oder Gravitas. Meine Mitte ist ein Ort der Leichtigkeit, Ort feinster Gerippe und zarter Eisflocken. Diese Mitte zieht mich voran, aber nicht an den Horizont der Zukunft, sondern zurück in die Schichten meiner Kindheit, zu denen ich wieder und wieder komme, weil es meine Tochter gibt.

Meine Tochter und ich leben allein in Übersee und wir sind uns so nah, wie Menschen einander nah sein können. Sie ist ein wunderbares Wesen, sonnig, gütig, unfassbar großherzig. Zusammen besuchen wir die Familie, sooft wir eben können. Sind wir hier, möchte sie, dass ich die alten Geschichten erzähle. Ich sehe, wie sich in ihr Dinge wiederholen, die Entfernung, andere Zeiten und Kulturen doch eigentlich erschweren, wenn nicht verhindern: Meine Tochter liebt meine Mutter so heftig und klar, wie ich meine Großmutter liebe, deren Umarmungen mit den Jahren schwächer und knochiger geworden sind.

Vergangenen Sommer saß ich auf dem Balkon meiner Großmutter Edith mit Blick in den hinteren Garten. Unter einem Kirschbaum vor dem Hühnerstall stand mein Großvater mit meiner Tochter. Er nahm sie sachte am Ellbogen und half ihr, die Tür zum Gehege zu öffnen. Auf der Schwelle verharrten sie einen Moment und sprachen leise und vertraut, als würden sie jeden Tag zusammen Eier holen gehen. Meine Tochter blickte hell zu ihrem Urgroßvater auf. Dieser kleine, am Rand beobachtete Moment zeigt, dass irgendeine Schicksalsgöttin mit präzisen, unbeirrten Nadelstichen ihren Faden weiter durch den Stoff unserer Familie webt bis hin zu meiner Tochter. Ich wünsche mir für sie, dass sie mein Kinderleben zumindest in den Splittern dieses Aufsatzes weiter kennenlernen möge.

Es wurde von denjenigen angeführt, die über uns wachten wie gütige Steinzeitvögel oder mächtige Zauberinnen. Wir alle lebten in dem großen Haus mit dem tannenzapfenfarbenen Dach mitten im Wald. Wir alle, meine Großeltern, meine Schwester, meine Mutter und ihre drei Schwestern. In den drei umliegenden Häusern lebten meine Urgroßmutter und die zwei Schwestern unserer Großmutter Edith. Der Ort im Wald hatte keine Adresse, Postboten verirrten sich auf dem Weg »hinunter ins Tal«, obwohl es kein richtiges Tal war, sondern eher der tiefste Punkt in einem Wald aus Buchen und Fichten. Im Sommer platzte unser Garten vor Margeriten und Rosenbüschen, die Tage waren dicht und hell, mit Flecken darin. Im Winter versanken wir in kaltem Matsch. Ich mag die halkyonischen Tage eigentlich nicht besonders, es gibt atmosphärisch nur wenig

Schlimmeres als den höhnenden, blauen Winterhimmel, die Eisvogelzeit und darunter nur Schlamm und Schnee, aber aus irgendeinem Grund ist die wie ein Saal erleuchtete, kalte Stimmung von früher genau die, in der ich meine Familie am besten erinnere, als hätte die Kälte ihre Konturen geschärft.

Ein alter, überwachsener Bahnübergang bildet die Grenze zwischen der Straße, die in den Wald meiner Kindheit führt, und der nächstgelegenen Stadt. Letmathe, Nordrhein-Westfalen, hat den Klang von auch im Sommer feucht und verlassen daliegenden Drahtseilfabriken mit eingeworfenen Fenstern, von Stachelbeeren und Kuchen im Garten. Das Waldhaus unserer Großeltern, drum herum Wiesen, Obstbäume, dann Buchen und Fichten und ein Steinbruch, lag fernab von allem. Unsere Mutter hatte uns sehr früh bekommen und war nur an den Wochenenden da, unter der Woche studierte sie in Frankfurt Biologie, zusammen mit meinem Vater, der zeitweise bei ihr lebte, dann nach Amerika ging, um Professor zu werden.

Im Wald lebten wir frei und glücklich, trugen einfache Kleider und krumpelig aufgeworfene Samthaargummis, mit denen wir uns ballerinahaft fühlten, aber letztlich aussahen wie früh gealterte Bibliothekarinnen. All das war egal. Wir, meine Schwester und ich, spielten allein oder fielen der Urgroßmutter auf die Nerven, die neben Tante Babska und Onkel-der-Jäger-Alfred mit dem rotblauen Gesicht wohnte. Alfred trug grüne Jagdkleidung und hatte getrocknetes Tierblut unter den Fingernägeln.

»Kommt herein, kommt, was ich Schönes hab«, sagte er und wir gingen in seine lange Garage, deren hinterer Teil ein Schlachthaus war. Tiere, Rehe oder Wildschweine mit matten Augen lagen auf Bahren. Ihre Schnauzen waren noch feucht.

Tagsüber war das Tal leer, die Erwachsenen arbeiteten, Ärzte, Notare, Vermögensberater. Bis fünf Uhr nachmittags gehörte es uns, den beiden Haushälterinnen, die im Garten riesige, fleischfarbene Teppiche ausklopften und auf Esstischen Bettlaken bügelten. Und es gehörte den Jagdhunden und Urgroßmutter Agathe, die an ihrem roten Küchentisch saß, mit ihren Schwestern telefonierte und Schinkenbrot aß. Bis heute höre ich ihre Stimme, die aus dem mit Fliegengittern verhangenen Fenstern in den Garten hinauswehte: »Das kann nicht sein, sie wird ihn nicht verlassen, dazu braucht sie sein Geld zu sehr«, oder: »Wir reden ein anderes Mal drüber, wenn ich weiß, was die vorhaben.« Agathe und ihre Schwestern Ilse und Adelheid hüteten bittere Familiengeheimnisse und glätteten alle Probleme. Ihre jeweiligen, mühsam in zahlreichen Telefongesprächen erarbeiteten, offiziellen Narrative wurden heiklen Vorkommnissen übergestülpt, von denen niemand mehr als eine Ahnung bekommen durfte und die nur noch entfernt mit dem zu tun hatten, was eigentlich passiert war. So erfuhren wir nie, woran Onkel Soundso in Berlin wirklich gestorben war, warum die alte Tante in Köln, die nur jedes zweite Weihnachten zu Besuch kam und immer sehr aufwendig geschminkt war, ihre gesamte Kunstsammlung verkaufte, oder wie es dazu kam, dass Erbschaftsstreitigkeiten um einen alten Steinbruch ausbrachen.

Adelheid und Ilse waren alte Jungfern. Adelheid war dünn mit Dutt, rauchte siebzig Zigaretten am Tag und kochte zu jedem Feiertag fünf Rinderzungen in Madeira. Mit uns Kindern hatte sie kein ganz glückliches Händchen, weil sie ungeduldig war und nicht herzlich. Aber wir mochten sie trotzdem, weil sie elegant aussah, ausgefallene Haarnadeln trug und einen kleinen goldenen Aschenbecher bei sich hatte. »Komm, und gib deiner Urgroßtante einen Kuss«, sagte sie immer und ihre Wange roch nach Rauch. Ilse war rund und lachte, auch wenn es nichts zu lachen gab, dabei hatte sie Angst vor allem, vor Autos, verbranntem Essen, vor Bienen und Hundegebell. Beide Tanten wohnten »in der Stadt«. Sie kamen an jedem Freitag mit dem Taxi herausgefahren und blieben übers Wochenende. Im Gepäck hatten sie die wundersamsten Sachen, Ansteckbouquets, Couponhefte, in drei enge Schichten Alufolie eingewickelte Marmorkuchen, zu Ostern Weißdornzweige mit aufgespießten Schokoladeneiern. Zusammen mit Agathe gab es tägliche ausgedehnte Mittagessen, die in Kaffeetrinken übergingen, bis es dunkel wurde. Dazu rollte die Haushälterin Servierwagen mit Mayonnaisehappen und Weincreme in das mit Rehbockgeweihen vollbehangene Wohnzimmer.

Mit Ilse gingen wir trotz ihrer Ängstlichkeit in den Garten und von dort an den Waldrand, »aber bloß nicht weiter, wegen der Wildschweine«, und sie zeigte uns Insekten und besprach Agathes Hühner, denen wir jedes Wochenende andere Namen gaben. Manchmal erzählte sie uns mit naiver Stimme von ihrer »wirklich gar nicht so schlechten Zeit« in der NS-Frauengruppe und sang alte Marschlieder, andere Male hielt sie mitten im Gang plötzlich inne, um einer von uns die Handgelenke zu massieren. »Die sind ja ganz steif. Wie willst du so tanzen?« Dabei tanzten wir fast nie.

Die Männer in unserer Familie waren seltsam abwesend. Urgroßvater war vor vielen Jahren an einer Lungenkrankheit gestorben, die er sich in seinem Taubenhaus eingefangen hatte. Die Ehemänner von Agathes Töchtern waren bei der Arbeit oder auf der Jagd und schossen Fasane. Wobei Onkel Alfred streng genommen immer auf der Jagd war und nicht arbeitete. Waren sie dann alle zu Hause, wurden sie, eben noch laut und herrisch im Büro, zu den stumm und etwas schmalschultrig beisitzenden Statisten von Agathes scharfäugigen Töchtern.

Bis auf die beiden Jungfern kochte keine Frau in der Familie, weder Agathe noch Edith oder ihre Schwestern Babska und Anne, deren Hand im Zweiten Weltkrieg unter einen Steckrübenkarren gekommen war und steife Finger hatte. Jeden zweiten Tag ließ Edith, ewig von Parfum umgeben und beim Autofahren ununterbrochen redend, ohne dabei je die Augen von der Straße zu nehmen, Fertigessen für sämtliche vier Haushalte liefern, große Platten lauwarmer Schnitzel, grau gekochtes Gemüse, Salat mit Möhrenraspeln, manchmal Rouladen in Sauce. »Weißt du«, sagte Edith oft, »Männer sind auch nur Menschen«, dann lachte sie und blickte zu meinem lieben, guten Großvater, der sie treu anschaute und sich Weißwein nachschenkte. Je älter er wurde, desto näher stand die Flasche bei ihm, erst im Kühler auf dem Tisch, später neben ihm auf einem Stuhl.

Gab es Nägel in die Wand zu hauen oder Glühbirnen auszuwechseln, war es Edith, die den Werkzeugkasten holte. Brachten wir schlechte Noten nach Hause, rief Edith bei den Lehrern an und sagte, das könne doch wohl kaum sein. Zu uns redete sie dann streng und in seltsamen Bildern: »Als Kind hatte ich einen Schulkameraden, den haben wir Willie den Schmierfink genannt, niemand wollte mit ihm spielen, und rate einmal, warum. Weil er die Butterbrote immer lose in seinem Ranzen liegen hatte.« Edith sprach gern von ihren Schultagen, dem Weg zur Schule »mit nackten Knien, auch im Winter, quer durch den Wald, drei Stunden lang«. Von den Jungen in ihrer Klasse wurde sie geärgert, weil sie stark und forsch war. Sie lauerten ihr hinter Bäumen auf und verprügelten sie, einmal so sehr, dass sie sich in die Hose machte, doch sie ließ es sich nicht anmerken. Dass sie mit sechzehn schwanger geworden war, erzählte sie uns nicht, aber wir wussten es trotzdem, von wem, weiß ich nicht mehr genau. Vielleicht von der Schwester meiner Mutter, die mit einem blonden Mann mit Schnäuzer nach Mallorca gereist und lange nicht mehr wiedergekommen war. Schließlich kam sie wieder, in einem schönen Kleid und mit vielen Tränen.

Als Edith schwanger war, verschwand ihr Freund und verlobte sich mit einer anderen Frau. Sie musste die Schule abbrechen und wurde fünf Jahre lang zu einer entfernten Tante im Ostdeutschland geschickt, damit niemand die »Schande« mitbekam. In der Straße, in der sie dort lebte, hatte sie viele Verehrer und stand im Sommer in einem weißen Kleid am Gartenzaun und lachte ihnen zu. Dann kam sie nach Hause, besuchte die Abendschule, heiratete den sie anbetenden Großvater, der ein entfernter Cousin von ihr war, studierte in Köln Medizin und bekam noch drei Töchter, die, wie unsere Mutter, bei Agathe im Wald lebten und Edith nur an den Wochenenden sahen. Als Edith Ärztin geworden war, kehrte sie nach Hause zurück.

Wenn Agathe träge in Sofas und Sesseln saß, uns fütterte und plauderte, beratschlagte, erinnerte und geradebog, dann kommandierte Edith, streng, aber gütig. Wir mussten bei den Hühnern von Tante Babska Eier holen oder auf Tritt-leitern klettern, um Dinge aus obersten Regalfächern zu holen. Zwei- oder dreimal im Jahr ließ sie uns Hauskonzerte organisieren – wir spielten Bratsche und Glockenspiel –, für Hochzeitstage oder Treffen der Herren vom Lions Club, die gern hoch in den Wald fuhren und die Edith daher für Großvater einlud, »auch wenn ich Männer eigentlich nicht ertrage«, sagte sie lächelnd und augenrollend. Edith gab große Feste, immer fand sie einen Anlass und ein Motto. In ihren Schränken hatte sie verschiedene Geschirrsets, »im-mer hundert Stück von allem, Tassen, Gläser, Teller, man muss für jedes Fest gewappnet sein«. Für ein »Spätsom-merfest« wählte Edith das Thema »Steinzeit«, die Gäste mussten in entsprechenden Kostümen kommen. Im Wald nahe am Haus hatte sie riesige Urtiere aus Pappe aufstellen lassen, die die Gäste mit Saugnapfpfeilen erlegten. Zu essen gab es Braten am Knochen – natürlich geliefert – und kein Besteck.

Weinachten feierten wir zweifach, zuerst bei Edith mit einer frühen Bescherung unter dem riesigen, absolut sym-metrischen und immer ganz in Rot oder ganz in Weiß be-hangenen Weihnachtsbaum mit einer Glaskrippe davor und vom Metzger geliefertem Filet Wellington, dann, sehr spät am Abend, gingen alle zu Agathe, Adelaide und Ilse, wo es noch mal Geschenke gab und noch mal Essen, Eis mit Himbeersauce und kalte Ente. Agathe hatte jedes Jahr einen winzigen, krummen Weihnachtsbaum, der auf den Wohnzimmertisch passte und mit den unsinnigsten Sachen behangen war, Playmobilmännchen, Porzellanhasen und knittrigem Lametta.

Als Edith in Rente ging, studierte sie in Bonn Archäologie und fuhr auf Expeditionen in die ägyptische Wüste, aus der sie wundersame Steine mitbrachte. Manchmal fuhr sie noch als Ärztin in die Dritte Welt, blieb ein paar Monate und kehrte schlank, braun und strahlender denn je zurück. Großvater tat so, als hätte es ihm nichts ausgemacht, dass sie weg war, aber er war traurig gewesen.

Und wir? Lebten warm im Schatten von Ediths Flügeln in der schützenden Hausschale im Wald. Nie haben sich die Farben in diesem riesigen Haus geändert, das drei Stockwerke hatte und Foyers, Flure und Vorzimmer, die in Schlafzimmer übergingen. Ediths Schlafzimmer mit Ausblick auf die Rosen im Garten ist schneeweiß, der Teppich, die Schränke, das Bett, auf dem Nachttisch steht eine einzelne rote Rose. Die Küchenwände sind orange, das Wohnzimmer hat im Sommer gelbe Markisen, die alles in Goldlicht tauchen. In vielen Nächten kamen Wildschweine bis kurz vor das Haus und wir hörten sie im Unterholz rumoren.

Manchmal durften wir Kuchen backen, »obwohl Kochen sich für weibliche Wesen eigentlich nicht gehört«, sagte Edith gespielt streng über ihre geschwungene Nase hinweg und ihre Augen leuchteten warm. Wir hatten Bänder an unseren Fahrradlenkern, die im Wind wehen sollten, wenn wir fuhren, nur dass wir auf den auch im Sommer schlammigen und mit Kieseln bestreuten Wegen, die die vier Häuser verbanden, nicht fahren konnten, sondern höchstens eiernd rumpeln.

Nach der Schule schauten wir Erwachsenenfilme auf einem alten Fernseher, James Bond oder sämtliche Hitchcocks. Wir spielten in dem stillen, riesigen Haus, das uns leuchtender Wunderort war, strichen die mit Statuetten vollgestellten Schränke entlang oder begaben uns auf die Suche nach Großvaters Gewehren, die wir nie fanden. Oft verkleideten wir uns mit Kostümen aus Ediths riesiger Karnevalssammlung, die sämtliche unterste Schubladen der Schrankwand in ihrem Schlafzimmer ausfüllte. Mit Paillettenkleidern, Klebebärten, die immer wieder abfielen, und Blumenketten aßen wir heimlich Leberwurstbrote, spielten Barbie oder stellten Szenen aus Astrid Lindgren nach, meist etwas Kühnes von Michel aus Lönneberga.

Vom Wald aus fuhren wir kaum je in Urlaub, höchstens eine Woche im Sommer auf eine Nordseeinsel. Selbst Onkel Alfred kam dann mit und schwamm zu weit ins Meer hinaus, bis die Küstenwache ihn zurückpfiff. Nur Agathe, Adelheid und Ilse blieben zu Hause, um »aufzupassen«. Wir aßen Scholle und Kartoffelsalat und spielten in Strandkörben. Edith hatte sich gegen den Wind ein Seidentuch um die Haare geschlungen und trug elegante große Sonnenbrillen. Egal wo wir waren, immer blieb das Zuhause im Wald unser bedeutender, alles begleitender Schemen, wie im Dunkeln raschelnde Blätter oder Silhouetten auf fernen Wiesen. Noch bevor die Woche an der Nordsee ganz vorbei war, begannen wir zu packen. Wir fuhren mit dem Auto nach Hause. Als wir am Waldrand ankamen und den Kies-matschweg entlang rumpelten, standen Agathe, Adelheid und Ilse in der Einfahrt und winkten uns zu.

MATTHIAS KALLE | TANJA STELZER
Elternknigge

Eltern haben heute eine irrwitzig schwierige Aufgabe zu bewältigen: Sie machen ihren Job in einer Zeit, die nicht auf Kinder eingestellt ist. Noch nie wurden in Deutschland so wenige Kinder geboren, und noch nie hatten Kinder, die in Deutschland geboren werden, so wenige Geschwister. Das heißt für uns Eltern, dass wir echte Exoten sind (außer wenn wir, zum Beispiel, in Berlin-Prenzlauer Berg wohnen, aber so ist das eben mit Exoten, sie ziehen dahin, wo andere Exoten sind, damit sie sich nicht so exotisch fühlen). Wir sind also eine kleine Gruppe, und deshalb nerven wir: die Nicht-Eltern, weil für uns eigene Parkplätze vor dem IKEA-Eingang reserviert sind; unsere Vermieter, weil unser Kind zu laut ist und mit dem Bobbycar das Parkett zerkratzt; unsere Arbeitgeber, weil wir es nicht mehr für unsere Hauptaufgabe halten, bis 22 Uhr im Büro zu sitzen, um für irgendein Projekt doch kaum Geld zu bekommen; unsere kinderlosen Freunde, weil wir statt einer Nacht im Club einen Federball-Nachmittag im Park vorschlagen; oft nerven wir sogar andere Eltern, weil wir es anders machen als sie. Wann muss das Kind ins Bett, wie viel darf es fernsehen, ist der Schnuller aus Kautschuk oder aus Silikon – all das ist heute eine Sache der Weltanschauung. Eine Diskrepanz in der Beantwortung solcher Fragen hat das Zeug, langjährig bestehende Freundschaften zu zerstören.

Unsere Eltern hatten es ein bisschen einfacher. Für sie war es normal, Kinder zu haben. Das gehörte eben dazu, über ein Erziehungskonzept hat man sich nicht so viele Gedanken gemacht. Es bestand wahrscheinlich in den meisten Fällen einfach darin zu sagen: Hauptsache, nicht so streng wie Opa und Oma.

Wir, die Generation der jungen Eltern von heute, sind selbst auf die Grundschule um die Ecke gegangen, weil es eben praktisch war und nicht, weil die Schule besonders gut gewesen wäre. Heute, wo wir erwachsen sind, quälen wir uns mit der Frage, ob man sich so eine Haltung denn in diesen Zeiten noch erlauben kann. Wir hatten entweder eine Mutter, die Hausfrau war, oder eine, die arbeitete, oder eine, die Hippie war – und in allen drei Fällen waren wir uns ziemlich oft selbst überlassen. Die Erwachsenen interessierten sich nicht sonderlich für uns, denn irgendwie hatten sie Besseres zu tun (die Fransen vom Perserteppich kämmen, arbeiten, von einer besseren Welt träumen etc.). Unsere Eltern waren auch meistens noch ziemlich jung, deshalb irritiert es manche, wenn man heute von »jungen Eltern« spricht, wo diese »jungen Eltern« ihre Kinder doch mit Anfang dreißig bekommen. Aber »junge Eltern« sind wir nicht unbedingt wegen unseres biologischen Alters. Jung sind wir, weil wir uns für unsere Jugend so wahnsinnig viel Zeit gelassen haben, weil wir sehr lange nicht damit aufhören konnten, abends auszugehen, weil wir andere Sorgen hatten als die Sorgen von Eltern (Karriere, Partnerschaft, das Einrichten im Leben). Und als wir dann Eltern wurden, da bekamen die Sorgen eine neue Qualität, denn so, wie wir alles in unserem Leben selbst bestimmt hatten, so müsste man doch eigentlich auch über ein Kind bestimmen können, hatten wir geglaubt – das aber stellte sich bald als falsche Annahme heraus.

Bevor es so weit war, haben viele von uns erst mal ein paar Jahre lang nachgedacht, ob sie überhaupt Kinder wollen (und ob sich das lohnt: der Karriererückschritt, die finanziellen Einbußen, die verpassten Wellnessurlaube, Partys, Kinofilme). Dann haben wir darüber nachgedacht, in welchem Kreißsaal wir sie am besten zur Welt bringen sollen. In einem mint- oder einem apricotfarbenen? Wir haben auch darüber nachgedacht, wie viel Schmerz bei der Geburt sein muss, und natürlich vor allem darüber, wie sie sein sollen, die Kinder, und wie wir sein sollen als Eltern. Wie viel von unserer alten Welt, von dem Erwachsenenleben, wie wir es uns ausgesucht haben, wollen wir behalten, wie viel sind wir bereit aufzugeben?

Dass wir uns all diese Fragen stellten, hat damit zu tun, dass wir heute so viele Optionen haben. Es hat aber auch damit zu tun, dass viele von uns gar nicht mitbekommen haben, wie andere, ältere Freunde und Verwandte, Kinder bekommen haben. Irgendwann sind wir von zu Hause ausgezogen, mit Kindern hatten wir jahrelang nichts zu tun. Wir lebten in einer geschlossenen Gesellschaft der Erwachsenen, in einer Welt, in der man unter Kindheit für gewöhnlich einen paradiesischen Zustand versteht. Mit anderen Worten: Wir hatten keine Ahnung.

Dann also schoben wir den Kinderwagen durch die Stadt, und irgendwann traten wir ein in das mysteriöse Paralleluniversum Spielplatz, das uns bis dahin völlig unbekannt war. Denn das letzte Mal waren wir auf einem Spielplatz gewesen, als wir heimlich unsere erste Zigarette geraucht hatten. Und jetzt saßen da die anderen jungen Eltern, man beäugte sich: Wie machen die das hier? Was sind die Regeln? Wie viel muss ich einem anderen Kind durchgehen lassen, wie viel meinem eigenen (denn während wir am Sandkasten saßen, spielten die Kinder Kain und Abel)? Wir machten eine sehr erstaunliche Erkenntnis: nämlich die, dass Kinder auch nur Menschen sind, also gern auch mal mies gelaunt und schlecht in Form und dass sie überhaupt nicht immer glücklich sein wollen, genauso wenig wie sie irgendeinen Ehrgeiz haben, sich gut zu benehmen.

Wir merkten: Wir waren als Erzieher gefragt. Das Problem dabei ist, dass Neu-Eltern schlichtweg nicht wissen, wie das funktioniert: Erziehen. Irgendwie kam uns Erziehen ja immer ein bisschen spießig vor, aber jetzt merkten wir, dass es ohne halt auch nicht geht. Auf die Ratschläge unserer eigenen Eltern wollen wir uns bei der Suche nach der richtigen Erziehungsmethode lieber nicht verlassen. Denn sie waren besser als Opa und Oma, ganz sicher, sie waren mit sich im Reinen, und deshalb waren sie gute Eltern, aber sie haben uns auch Glutamat gegeben und uns, als wir Säuglinge waren, auf dem Bauch schlafen lassen. Außerdem gibt es heute einen Haufen Fragen, die sich unsere eigenen Eltern nie stellten. Sie mussten sich keine Gedanken darüber machen, wie man sich auf Facebook verhält, wenn sich dort auch die eigenen Kinder herumtreiben. Es gab weder Youporn noch den Terror von Prinzessin Lillifee, und man musste sich auch keine Sorgen darüber machen, was die Kinder so auf ihrem Handy gespeichert haben. Wir Eltern von heute müssen auf all diese Fragen eine Antwort parat haben.

Bei allen Unsicherheiten in Erziehungsdingen tut es gut, eine Stimme von jemandem zu hören, den man mag und den man für halbwegs normal hält. Der zwar auch nur seine Meinung hat, aber weiß, wie schwierig das Erziehen ist und dass Anspruch und Realität nicht zwingend etwas miteinander zu tun haben. In Wirklichkeit ist es nämlich so, dass die Kinderlosen vor allem in unserer elterlichen Fantasie ständig auf Wellnessreise gehen und Partys feiern. Wir jedenfalls kennen einige Kinderlose, die sich gern beklagen, dass es inzwischen ungemein schwierig geworden sei, sich am Samstagabend zu verabreden. Es habe ja keiner Zeit – alle müssten sich um ihre Kinder kümmern. Das Gefühl, in einer Parallelwelt zu leben und das Eigentliche zu verpassen, ist womöglich nur eine Frage des Lebensalters und entspricht mehr dem Gefühl als der Realität.

Wenn man sich von jemandem Erziehungstipps geben lässt, dann sollte man sich vergewissern, dass man ein paar grundsätzliche Auffassungen teilt. Es gibt tausend Arten, ein Kind zu erziehen, und man sollte sich diejenige raussuchen, die zu einem passt.

Wenn wir selbst beim Erziehen irgendeinen Leitsatz haben, dann vielleicht den: Eltern, entspannt euch! Schielt nicht ständig auf die Zukunft eurer Kinder, sondern genießt die Gegenwart.

Wir glauben, dass Kinder nicht Abziehbilder unserer selbst sind, dass sie nicht die Leinwand für unsere Projektionen sein dürfen. Sie gehören uns nicht, wir müssen sie nehmen, wie sie sind – und ihnen helfen, das Beste aus sich zu machen. Wir glauben, dass wir das Kind als Persönlichkeit akzeptieren müssen, mit allen Stärken und Schwächen – das heißt, wir müssen auch sein Scheitern in Kauf nehmen. Das ist eine harte Aufgabe, und wir behaupten nicht, dass wir sie immer mit Bravour meistern würden. Aber wir versuchen es. Im Übrigen müssen wir auch unser eigenes Scheitern in Kauf nehmen, und auch unsere Kinder müssen lernen, uns zu nehmen, wie wir sind. Erziehen bedeutet im Grunde nichts anderes, als mit Scheitern so kreativ wie möglich umzugehen.

Man kann sich überhaupt nicht so viele Katastrophen vorstellen, die passieren, während man seine Kinder erzieht. Die schlimmsten lassen sich vermeiden, wenn man selbst weiß, was man will. Gegen Erziehungskatastrophen hilft es auch ungemein (Achtung, da sind wir ein bisschen altmodisch!), wenn man seinem Kind nicht gleich jeden Wunsch erfüllt (zum fünften Mal: »Ich will aber das andere Kleid anziehen!«, zum hundertsten Mal: »Noch ein Keks!«). Ein Wunsch ist die heilige Ausnahme: der Wunsch, Zeit miteinander zu verbringen.

Wir glauben, dass Eltern alles richtig machen, wenn sie ihre Kinder lieben und sich mit ihnen beschäftigen, deshalb ist dies kein Buch, das erklärt, wie man es schafft, dass ein Kind beim Essen nicht die Ellenbogen auf den Tisch nimmt und auch ansonsten artig ist. Kindern gutes Benehmen beizubringen ist als Ziel so selbstverständlich wie aussichtslos, das dürfte schon Freiherr Adolph Franz Friedrich Ludwig Knigge geahnt haben (der nämlich seine berühmten Benimmregeln gar nicht selbst aufgestellt hat; die hat ihm sein Verlag nach seinem Tod einfach dazugeschrieben). Es geht darum herauszufinden, wie man nicht plötzlich ein Eltern-Trottel wird. Ein Eltern-Trottel, der vor lauter Erziehungs-perfektionismus vergisst, dass es eben auch noch einen Erwachsenen-Alltag gibt, ein normales Leben, das weiter-geht, wenn man ein Kind hat. Ein Leben, das schwieriger ist als das Leben ohne Kinder, das man vorher hatte – und schöner. Und in dem plötzlich moralische Probleme eine Rolle spielen, die es vorher schlichtweg nicht gab: Ob man auf dem Spielplatz rauchen darf, ist vielleicht eine viel kom-plexere Frage als die nach der richtigen Schule.

DANIELLE GRAF | KATJA SEIDE

»Jeden Abend das Drama beim Schlafengehen«

Viele Eltern kennen das: Man hat den Nachmittag und Abend mit den Kindern verbracht, gespielt, vorgelesen, wieder gespielt, noch mal vorgelesen, Abendbrot gemacht und gegessen, beim Abendprogramm geholfen, ein letztes Mal vorgelesen, und nun soll das Kind endlich einschlafen, denn die Elternzeit ist angebrochen. Leider denkt das Kind nicht ans Einschlafen. Stattdessen tapert es gefühlte hundert Mal aus seinem Zimmer ins Wohnzimmer, verlangt noch ein Glas Wasser oder muss zur Toilette oder da ist ein Monster unterm Bett oder es ist zu heiß oder zu kalt oder das Kuscheltier ist plötzlich weg oder es muss unbedingt noch eine Geschichte aus dem Kindergarten erzählen.

Zunächst ist man als Elternteil noch geduldig, bringt das Wasser oder sucht das Kuscheltier, aber nach einer Weile wird man echt sauer, denn erholsam ist so ein unterbrochener Erwachsenenabend nun nicht gerade. Erst wenn wir Eltern laut werden und schimpfen, scheint unser Kind ein Einsehen zu haben, bleibt endlich liegen und schläft irgendwann doch recht schnell ein. Warum geht das nicht mit mehr Kooperation? Warum scheint Schimpfen der einzige Weg zu sein, damit unser Kind nicht wieder aus seinem Zimmer kommt?

Warum ist das so?

Um den Grund für das Verhalten unserer Kinder zu verstehen, müssen wir einen kleinen Abstecher in die Bindungstheorie machen. Schon gleich nach der Geburt sind Kinder auf der Suche nach einem verlässlichen Bindungspartner und finden diesen normalerweise bei Mama und Papa. Im ersten Lebensjahr vertieft sich diese Bindung sehr stark. Die Eltern werden zum sicheren Hafen. Nach und nach kommen neue Bindungspersonen hinzu – die Erzieherin im Kindergarten, Oma und Opa, Onkel und Tante, Pateneltern, Babysitter. An der Spitze der Bindungspyramide bleiben jedoch normalerweise die Eltern, das heißt, bei ihnen fühlen sich die Kinder am sichersten und am wohlsten. Mit ihnen wollen sie am liebsten 24 Stunden zusammen sein. Je älter ein Kind wird, desto stärker löst es sich allmählich von den Eltern, aber zumindest in den ersten drei Jahren hätten unsere Kinder nichts dagegen, uns pausenlos zur Verfügung zu haben. Wenn das nicht geht, weichen sie auch problemlos auf andere Bindungspersonen aus, aber ihre Vorliebe gilt weiterhin uns.

In der Literatur wird die Bindung zwischen den Eltern und dem Kind häufig mit einem Gummiband verglichen. Dieses wird in verschiedenen Situationen probehalber »gedehnt«. Ein gut gebundenes Baby zum Beispiel würde im Krabbelkurs von der Mutter wegkrabbeln und seine Umgebung untersuchen, dann aber nach ein paar Minuten wieder zu ihrem Schoß zurückkommen, um dort über Körperkontakt wieder Kraft zu sammeln. Das Signal, wieder zurückzukrabbeln, erhält das Kind aus seinem Inneren. Es »fühlt« eine akute Sehnsucht nach den Eltern, die schnell gestillt werden muss. Das Bindungsband war in »gespanntem Zustand«, und wie ein Gummiband, das nicht ewig gedehnt sein möchte, wird das Kind durch das Bindungsband zurückgeführt. Der folgende Körperkontakt mit der Bindungsperson verringert den inneren Stress des Abenteuers, das es gerade erlebt hat (das muss kein schlechter Stress sein!), weil nun das Glückshormon Oxytocin ausgeschüttet wird. Im Gehirn passieren dabei zweierlei Dinge: Das Kind wird durch den Hormonwirbel einerseits für seinen Mut belohnt, ein fremdes Gebiet erobert zu haben, und erlebt sich als selbstwirksam, andererseits fühlt es im Kontakt mit seinen Bindungspersonen eine wohlige Wärme durch seinen Körper strömen und eine enge Verbundenheit mit den Seinen, die beruhigend wirkt. Da haben wir also die Wurzeln und Flügel, die wir unseren Kindern geben sollen: Verbundenheit einerseits und Selbstwirksamkeit andererseits.

Das Einschlafen allein und im eigenen Bett ist vergleichbar mit dem Herumkrabbeln im Raum. Es ist ein Wagnis. Denn unser noch immer urzeitliches Gehirn verbindet Einschlafen noch immer mit Gefahr, obwohl es im Kinderzimmer keine Hyänen oder andere wilde Tiere gibt. Sobald das Licht ausgeht, reagiert das Gehirn so, wie es vor Tausenden von Jahren reagiert hat – mit Stress. Und wie reagiert ein gestresster kindlicher Körper? Genau, das Bindungsbedürfnis wird aktiviert – das Gummiband schnellt zurück zum sicheren Hafen. Das Kind wird also von seinen eigenen Impulsen quasi aus dem Bett gerissen, hinein zu uns ins

Wohnzimmer. Dass es, um den inneren Stress loszuwerden, eine Ausschüttung von Oxytocin braucht, weiß das Kind natürlich nicht. Es weiß nicht, warum es immer wieder aufsteht, um zu uns zu laufen. Es fühlt nur, dass es das irgendwie muss. Es weiß aber auch, dass wir das nicht mögen. Dass wir gerade unsere Ruhe haben wollen und grundlose Störungen missbilligen. Deshalb merkt es sich Ausreden, auf die wir in der Vergangenheit nicht ganz so genervt reagiert haben. Okay, Durst? Das kann ja wirklich sein – also geben wir dem Kind Wasser. Auf Toilette? Na gut, einen nächtlichen Unfall wollen wir ja auch nicht, dann geh noch mal schnell auf die Toilette! Hunger? Mann, aber es gab doch vorhin erst Abendbrot. Na gut, dann kriegst du halt noch eine Stulle. Hungern lassen wäre ja irgendwie gemein. Wie – Monster? Puh … okay – kindliche Ängste soll man unbedingt ernst nehmen, ich hole also das Monsterspray …

Das alles ist keine absichtliche Schikane des Kindes – es wird getrieben von seiner Bindung zu uns. Rein kognitiv ist den Kindern bewusst, dass wir im Nebenzimmer sind und ihnen nichts passiert, doch die Bindungssehnsucht sucht sich trotzdem ihren Weg. Dabei merkt das Kind natürlich, dass es zunehmend unwillkommener ist. Spätestens, nachdem wir richtig sauer geworden sind und es angeranzt haben, es soll nun endlich schlafen, fängt es an, das gespannte Band in seinem Inneren zu ignorieren. Das geht, denn Kinder sind Meister im Verbiegen, um ihren Eltern zu gefallen. Aber *schön* ist das Einschlafen so nicht.

Die Bindungshierarchie erklärt übrigens auch, warum unsere Kinder nachts so oft bei uns im Bett landen, statt weiter in ihrem eigenen Bett zu schlafen. Sie sind kurz aufgewacht (was vollkommen normal ist), haben das gespannte Band in ihrem Inneren gespürt und sind zu ihrem sicheren Hafen getapst, um durch Körperkontakt dieses unangenehme Ziehen loszuwerden. Diese Theorie lässt uns auch verstehen, warum unsere Kinder bei Babysittern oder Oma und Opa so viel schneller und problemloser ein- und durchschlafen als bei uns. Da diese Personen eine etwas tiefere Position in der Bindungspyramide haben, sind sie logischerweise nicht der sichere Hafen, der angesteuert wird. Das Bindungsband schnellt nicht automatisch in ihre Richtung zurück, das Kind fühlt sich von ihnen nicht so stark angezogen wie von den Bindungspersonen Nummer 1 und Nummer 2. Sind die Eltern nicht zugegen, dann ist das Kind also sowieso auf »Sparprogramm«, das heißt, es reißt sich (trotz liebevoller Umsorgung!) zusammen, bis Mama und Papa wieder da sind. Wenn also keine schnelle Oxytocin-Ausschüttung zu erwarten ist von demjenigen, der da im Wohnzimmer sitzt und aufpasst, muss der Körper auch keine Impulse aktivieren, dorthin zu kommen. Da ist es für Körper und Geist energieeffizienter, einfach liegen zu bleiben und schnell einzuschlafen.

Das bedeutet nicht, dass wir als Eltern darauf verzichten sollten, abends wegzugehen, nein. Ein Kind kann solche Zeiten problemlos aushalten. Oft sind es ja sowieso nur wenige Abende, an denen ein Babysitter da ist. Und bringt die Oma oder der Babysitter das Kind regelmäßig abends ins Bett, dann bildet sich zu ihm ja automatisch eine sehr enge Bindung und dann wird er oder sie irgendwann auch zum sicheren Hafen.

Was hilft?
Einschlafbegleitung

Die denkbar einfachste Lösung für das Problem ist die Einschlafbegleitung. Liegen Sie neben Ihrem Kind, muss es nicht herauskommen und den Erwachsenenabend stören, denn sein Bindungsband ist ja nicht gedehnt. Es ist ganz nah bei Ihnen, sein Gehirn braucht keine Angst vor Säbelzahntigern zu haben und kann sich zur Ruhe begeben. Für Ihr Kind ist dies normalerweise die kuschligste und schönste Möglichkeit, einzuschlafen.

Ich begleite nun seit mehr als fünf Jahren Kinder in den Schlaf und kann ehrlich sagen, dass es für Erwachsene durchaus schönere Möglichkeiten gibt, den Abend zu verbringen. Es gab auch Momente, und zwar nicht gerade wenige davon, da war ich super genervt, in diesem Bett neben diesen Kindern quasi gefangen zu sein. Das merkten die natürlich und kamen noch weniger schnell zur Ruhe. Je wichtiger es mir war, aus dem Kinderzimmer rauszukommen, weil ich noch einen Artikel zu Ende schreiben wollte oder Freunde im Wohnzimmer saßen, um sich mit mir zu unterhalten, desto länger dauerte es, bis die Kinder schliefen.

Geholfen haben mir zwei Dinge. Erstens: mein Smartphone. Das Telefon ist meine Verbindung zur Außenwelt. Ich kann twittern, Kommentare im Blog beantworten oder mich mit Freunden austauschen. Damit ist die Einschlafbegleitung für mich keine vertane Zeit – ich nutze sie für meine Erholung und bin gleichzeitig für meine Kinder da.

Zweitens: Der Gedanke, dass diese Zeit der Einschlafbegleitung endlich ist. Unsere Kinder sind nicht ewig klein, sie werden nicht ewig an unserem Rockzipfel hängen. Als Baby schliefen meine Töchter die ersten drei Monate lang oft auf meiner Brust ein – zack, war das vorbei. Und wie ich es vermisse! Dieses kleine, warme, schlafschwere Menschlein auf mir, der winzige haarbekränzte Kopf kurz unter meiner Nase, der typische Babygeruch. Hach! Auch die anderen Phasen gehen rasend schnell vorbei, wenn man sie rückblickend betrachtet. Plötzlich sind sie sechs Jahre alt und viel zu cool, um noch Einschlafbegleitung zu wollen. Und dann sitzen wir Eltern im Wohnzimmer und überlegen: Haben wir die Zeit, so ewig lang sie uns währenddessen vorkam, wirklich ausreichend genutzt? Haben wir die Gelegenheiten ausgeschöpft, unseren Kindern richtig nah zu sein? Denn von nun an streben sie immer weiter von uns weg. Sie bleiben mit uns verbunden, klar, aber ihr Weg führt nach den ersten sechs Jahren unaufhörlich von uns fort. Es fängt mit der ersten Übernachtung bei der Kindergartenfreundin an und endet mit dem Auszug in die erste eigene Wohnung.

Betrachten wir es also als Chance, diese gemeinsame Zeit zu *genießen.* Und deshalb liege ich auch heute noch fast jeden Abend neben meinen Kindern und begleite sie beim Einschlafen, lausche ihren Atemzügen und halte ihre kleinen Händchen. Damit ich mir nicht später selbst vorwerfen muss, diese wunderbaren Momente verpasst zu haben.

BARBARA RIEGER
Das Natürlichste der Welt

Was wir in der Schule gelernt haben: wie viele Samenzellen sich auf den Weg machen zu einer, zur einzigen Eizelle, wenn überhaupt.

Was wir später gelernt haben: Unsere Fruchtbarkeit nimmt im Lauf des Lebens ab.

Worüber wir sprechen, ohne Namen zu nennen: wie viele es wollen, versuchen, alles versuchen müssen, wie viel es kostet, wie oft es nicht klappt, bis es klappt, vielleicht.

Was wir uns fragen: wie das gehen soll mit einem Kind, mit mehreren Kindern, knapp hintereinander, wie das früher gegangen ist.

FRÜHER ist das doch auch gegangen, das *Natürlichste der Welt,* wir denken *Schnapsschnuller,* wir denken: *Schreien stärkt die Lunge.*

Wir hören in unserem Kopf: DAS HABEN SCHON ANDERE VOR UNS GESCHAFFT.

Was ich wissen will: ob mein Körper das kann, ob das WIRKLICH funktioniert mit den Spermien und den Eizellen, der einen Eizelle, ob ich die eine Hälfte meines Lebens ein Aufeinandertreffen verhindern und es dann zulassen, es darauf anlegen kann, und falls sie wirklich aufeinandertreffen, OB.

Was ich nur aus Filmen, aus Büchern kenne, BIS JETZT:

zwei Streifen auf einem Schwangerschaftstest. UND: Ich rauche meine letzte Zigarette, ich kaufe mir mein erstes Buch ÜBER.

Was wir hören, DANN: *Man sieht ja noch gar nichts! Der Bauch ist aber ganz schön klein! Der Bauch ist aber ganz schön groß! Sorry, wenn ich das sage, aber die Brüste sind riesig! Du musst jetzt für zwei essen.* ODER: *bloß nicht für zwei essen, das bekommst du nie wieder los.*

Was wir denken: Wir haben zugenommen, wir haben JETZT SCHON so viel zugenommen, wir fühlen uns dick, blad, fett, *wie eine Matrone,* ein Walross ODER: weiblich und schön.

Was wir uns sagen: Wir werden später wieder rauchen, *nach der Geburt zünde ich mir eine an,* wieder trinken. (Wir hören: *Ein Glas schadet schon nicht.* Wir lesen: *Jede noch so kleine Menge schadet Ihrem Kind.*) Bald können wir wieder die Katze streicheln, die Katzenkiste putzen, bald können wir wieder Rohkäse und Rohwurst essen UND.

Was niemand sagt: wie gut der frische Rauch von Zigaretten noch immer riecht, wie sehr der abgestandene Rauch, der Atem eines Rauchers stinkt, wie intensiv das Bier, das wir nicht trinken dürfen, riecht und wie grauenhaft alkoholfreies Bier schmeckt. Wie lange neun Monate sind und dass die anderen weiterleben wie bisher, UND.

Wir leben LÄNGST unseren persönlichen Lockdown, wir erleben SCHON BALD eine neue Normalität, wir denken: *was für ein Timing.*

Was noch niemand weiß, was wir lesen, was wir hoffen: dass die Krankheit *wahrscheinlich eher nicht* auf Säuglinge im Mutterleib übertragen wird. Dass das Gesundheitssystem nicht gerade dann kollabiert, wenn wir es nutzen MÜSSEN, wir denken über eine Hausgeburt nach, FALLS.

UND: Wir recherchieren, wir telefonieren, wir informieren uns über Gelder, die wir beziehen, über Modelle, wie wir zu Hause bleiben können, wir recherchieren, wir telefonieren, wir informieren uns und blicken nur langsam, sehr langsam, wir blicken IN WAHRHEIT niemals wirklich ganz durch, IN WAHRHEIT blickt niemand durch: So *einen Fall hatten wir noch nie,* hören wir, wenn wir erklären, dass DER VATER den Großteil der Karenz in Anspruch nehmen will. *Dass du dich das traust,* hört der werdende Vater von seinen Kollegen. *Das hätte ich auch gerne gemacht,* hört der werdende Vater von seinen Freunden, *und dein Arbeitgeber macht da mit?*

Was wir alles mitmachen: die vorgeschriebenen Untersuchungen, vorgeschrieben für den Erhalt der Bezüge, *für Sie und Ihr Kind kostenlos,* lesen wir und wundern uns (später, viel später) über den SELBSTBEHALT. Die freiwilligen Untersuchungen, *ebenfalls kostenlos.* Die empfohlenen pränatalen Untersuchungen (ab 35: RISIKOSCHWANGERSCHAFT!), wenn wir sie uns leisten können, leisten wollen, PRÄNATALDIAGNOSTIK, was würden wir tun, WENN. Wir lernen (schon vor Corona), was FALSCH POSITIV heißt. Die Geburtsvorbereitungskurse, sofern sie noch stattfinden, ONLINE zum Beispiel, wir üben Gebärpositionen, vor dem Laptop zu Hause auf der Couch. Und – *natürlich!* – mindestens eine der vielen SCHWANGERSCHAFTSBESCHWERDEN, *es soll nichts Schlimmeres passieren.*

Was sie uns fragen: ob uns übel ist. Wir antworten, dass uns gar nicht, nur ein bisschen, ODER dass uns die ganze Schwangerschaft über übel ist, dass wir die ganze Schwangerschaft über kotzen müssen, wir erzählen von der Müdigkeit:

Ich bin so müde, dass ich PAUSEN machen muss. Ich gehe aber noch laufen. *Wirklich?* Bis zur zwanzigsten Woche, WARUM NICHT? Wir lesen: *Vermeiden Sie gefährliche Sportarten,* drei Tage vor der Geburt fahre ich mit dem Rad – *mit dem Rad?!* – ins Freibad, fahre mit dem Rad vom Freibad nach Hause, fahre durch ein Gewitter, die Reifen über den rutschigen Wurzeln, Bäume, die neben mir umfallen, mit STOSSGEBETEN trete ich in die Pedale, denke (später, als ich wieder trocken bin, als ich überlebt habe):

Meine Mutter kam mitten im Krieg zur Welt.

Was wir noch mitmachen: eine kleine Komplikation (natürlich!) kurz vor dem Ende, zum Beispiel ein WACHSTUMS-STOPP, wir googeln nicht, wir googeln das sicher nicht, wir telefonieren mit der Frauenärztin, *wenn das Kind nicht mehr wächst, dann deutet das darauf hin, dass es schlecht versorgt wird,* wir telefonieren mit der Hebamme, *wenn Sie ständig messen, werden Sie etwas finden,* wir fahren jeden zweiten Tag ins Krankenhaus zur Kontrolle, wir kennen alle Ärzte, *Kinder wachsen in Schüben,* sagt der eine, *wenn es bis zum nächsten Mal nicht wächst, dann müssen wir einleiten,* sagt der andere. *Sie sind heute schon die Vierte mit Wachstumsstopp,* sagt der Nächste, wir kennen alle Schwestern, wir kennen die Leute hinter den Glasscheiben und die, die uns eine frische Maske überreichen, wir kennen den

Weg ins Krankenhaus, wir wissen genau, wo der KREISS-SAAL liegt!

Was wir nicht in der Schule gelernt haben: was Übungs-wehen, was Vorwehen, was Senkwehen sind, wie es nach unten zieht, wie der SCHLEIMPFROPFEN! – wie die ver-schiedenen Phasen der Geburt heißen, wie sich ein Baby durch das Becken schrauben muss, dass die Fruchtblase nicht unbedingt platzt, dass es GLÜCKSHAUBEN gibt, wir denken an Katzen, wir sehen der Katze dabei zu (früher), wie sie dreimal mit dem Hintern hin und her, wie sie die Fruchtblase aufbeißt und wegschleckt, die Nabelschnur durchbeißt, die Katze weiß genau, was sie zu tun hat, wir hören in unserem Kopf: *Hat sie schon geworfen?*

Wir sollen den Geburtstermin nicht verraten, haben wir gelesen, SONST.

Was wir nicht alles über die Schmerzen hören: Das sind SCHON GANZ GSCHEITE Schmerzen, wir hören, dass wir die Schmerzen danach vergessen werden, *sonst würde keine Frau je ein zweites Kind bekommen,* wir hören, die Schmerzen seien mit nichts vergleichbar, aber zwischen den Schmerzen seien wir high, KÖRPEREIGENE DROGEN, ich denke: *endlich wieder ein Rausch.* Wir hören, wir könnten (ZUMINDEST!) dem Wort den Schmerz nehmen, wir könnten aus Wehen Wellen machen, wir könnten auf Wellen surfen, Wellen werden *wie eine Urgewalt* über, un-ter, in uns, zwischen den Wellen die Ebbe, zwischen den Wellen sollen wir entspannen, *ganz wichtig,* Kraft tanken, durchatmen bis zur nächsten Wehe, Welle, *whatever,* denke ich, und dass ich mir sicher keine PLAYLIST für die Geburt mache, dass ich sicher keine Entspannungsmusik hören werde, wenn dann:

HEAVY METAL.

Was uns keiner gesagt hat: dass die Wehen zwar anfangen wie Menstruationsschmerzen –

– wir denken, dass die Hälfte der Menschen, mehr als die Hälfte der Menschen nicht weiß, wie sich Menstruationsschmerzen anfühlen, ich sage: ein Ziehen in der Gebärmutter, in den Eierstöcken, Eileitern, ein Ziehen also vorne im Bauch, ein Ziehen im Innersten ODER, ich sage (leise): Menstruationsschmerzen (was für ein unpoetisches Wort!) sind Schmerzen an der Grenze zur Lust, ich sage (vorsichtig): Menstruationsschmerzen sind so ähnlich wie ein Orgasmus, ich frage mich (heimlich), ob bei mir etwas nicht stimmt –

Was uns keiner gesagt hat: dass die Wehen zwar anfangen wie Menstruationsschmerzen –

– wir erinnern uns, was wir gelernt haben: dass wir noch schlafen sollen, wenn es losgeht, noch ausruhen, dass wir alle Kraft brauchen werden. Ich erinnere mich am nächsten Tag, als die Wehen wieder weg sind, als ich angepisst bin, weil ich will, dass es endlich losgeht, weil ich finde, dass neun Monate lang, genau lang genug sind: Bei einigen stärkeren Wehen bin ich aufgewacht.

Was mir der Arzt sagt bei der Kontrolle: dass es bald losgehen wird *(haha)*, dass er nicht glaubt, dass wir einleiten müssen *(Bitte nicht!)* und dass es gut gehen wird, weil ich so schlank bin *(Wie bitte?!)*. Wie bitte?, frage ich. Dass es gut gehen wird, weil ich so schlank bin, wiederholt der Arzt, ich bin zu erschöpft, um nachzufragen, ABER.

Was ich denke: dass er mich aufschneiden will, meine DÜNNE Bauchdecke, meine Gebärmutter, dass ich nicht bei Bewusstsein sein will, wenn sie mich aufschneiden HINTER EINEM VORHANG, dass ich keine Vollnarkose will, wie meine Mutter bei meiner Geburt, dass der Mann in diesem Fall, dass in meinem Fall zumindest der Mann das BONDING übernehmen kann, übernehmen soll, muss, habe ich gelesen, und dass eine Geburt nicht PLANBAR ist, AUSSER.

Was wir wissen: dass manche von uns lieber gleich einen Kaiserschnitt – WEIL.

Was uns, was mir also keiner gesagt hat: dass die Wehen zwar anfangen wie Menstruationsschmerzen, dass dann aber alles ANAL wird, ein Gefühl, aufs Klo zu müssen, eine Verstopfung, es steckt, ich gehe wieder und wieder aufs Klo, nichts kommt, die Hebamme empfiehlt einen EINLAUF, ich sitze auf dem Klo, es kommt fast nichts, ich sitze auf dem Klo, als die Wehen wieder losgehen, die Wehen in Wellen, ich versuche noch einmal zu schlafen, ALLE KRAFT, *so eine Geburt kann dauern,* wache auf, weil die Wehen, die Wellen über meinem Kopf, über mir, in mir zusammenschlagen, ich laufe durchs Haus wie vor einem Monat die Katze, ich stöhne.

Was ich von meinem Mann höre: Ich glaube, wir sollten fahren.

Was ich antworte: Es ist noch nicht schlimm. Es ist erst der Anfang. Ich muss aufs Klo. Ich habe Hunger.

Was wir schon gehört haben: dass manche Frauen vor der Geburt einen Einlauf wollen, damit der Kot nicht zugleich mit dem Kind – SCHERZ, weil es ihnen unangenehm ist, wenn sie während der Geburt kacken, unangenehm vor den anderen, habe ich gedacht. Was bei mir wieder rauskommt, OBEN: das Essen. Was wir gelernt haben: dass man ins Krankenhaus fahren soll, wenn die Wehen regelmäßig alle fünf Minuten kommen.

JEDE GEBURT IST ANDERS, ABER.

Was wir gelernt haben: dass die Wehen im Krankenhaus häufig wieder aufhören, im Auto schon alle zwei Minuten, im Krankenhaus wieder Pause, ein Urinstinkt, das Krankenhaus ist der Säbelzahntiger, vor dem wir auch während der Geburt flüchten können müssen, *sonst wären wir schon* AUSGESTORBEN, der Säbelzahntiger ist ein kleiner Aufnahmeraum, der Säbelzahntiger ist ein CTG, der Säbelzahntiger piepst piepst piepst, der Säbelzahntiger, das sind die drei anderen Frauen, die draußen (NICHT!) schreien, die Ärzte, die ein und aus gehen und kritische Blicke auf das CTG werfen und ich: kann nicht flüchten.

Was die Hebamme sagt: Sie dürfen die Maske abnehmen.

Wie der Corona-Test war, werden sie mich fragen (später), ob es sehr unangenehm, *JA, unangenehm*, werde ich sagen, aber IM VERGLEICH ZU EINER GEBURT, ich werde lachen (später).

Was die Hebamme sagt: Die Herztöne des Kindes sind höher, als sie sein sollten.

Was mein Mann sagt (SPÄTER!): Die Wehen waren höher als die Skala am CTG.

Was die Hebamme fragt: Warum sind Sie so unruhig? Wie können Sie sich beruhigen? Sie müssen sich beruhigen, die Herztöne müssen runter, SONST.

Die Atmung, haben wir gehört, DIE ATMUNG, einatmen, haben wir gehört, und ausatmen, durch den Mund ausatmen, lange ausatmen, haben wir gehört, die Wehe ausatmen, durch die Wehe durchatmen, die Wehe wegatmen, UNMÖGLICH, ich werde mich erinnern (später), wie sehr ich mich konzentrieren muss, mit aller Kraft muss ich mich konzentrieren, trotz der Wehe ruhig zu bleiben, zu atmen, einatmen, ausatmen, einatmen, lange AUSATMEN, während mein Mann auf das CTG starrt, während es mir kalt über den Rücken läuft, wie ein Fieber, wie eine Vergiftung, werde ich sagen, wie damals bei der Lebensmittelvergiftung, werde ich erzählen (später), wie ein Kreislaufkollaps, denke ich in dem Moment, ganz ruhig atmen, bis die Welle vorbei ist und ich mich übergebe, das erste Mal auf den Boden und dann in die Nierenschüssel. Was die Hebamme sagt: dass bei Frauen, die sich übergeben, der Muttermund schneller aufgeht, ALSO: ganz ruhig bleiben, atmen, kotzen, atmen, kotzen, bis die Herztöne ruhig werden, bis die anderen Frauen entbunden haben, bis die Ärzte OK sagen zum CTG, es ABHAKEN. Ganz ruhig atmen, bis die Wanne wieder sauber, bis das Wasser warm ist. Ich muss aufs Klo, sage ich zum letzten Mal. Die Hebamme schüttelt den Kopf, die Hebamme wird zwischendurch, wird immer wieder den Kot, das Blut aus der Wanne fischen, später, wenn sie wiederkommt. Was sie sagt, bevor sie uns alleine lässt: Jammern Sie. Jammern hilft.

WIR WERDEN DIE SCHMERZEN VERGESSEN HABEN.

Was mein Mann mir erzählt, später: dass die andere Hebamme, die den Dienst um Mitternacht übernimmt, die Augen verdreht, als sie mich schreien hört, schreien sieht, meine Augen sind geschlossen, das Wasser ist warm, warm um mich in den Pausen, warm, ich floate, warm, das Dopamin, die Entspannung bis zur nächsten Wehe, Welle, SCHREIEN HILFT.

Die Zeit, haben wir gehört, wird schnell vergehen und gleichzeitig langsam, die Zeit vergeht in Wellen, ES WIRD EIN RAUSCH GEWESEN SEIN, der Muttermund, sagt die Hebamme nach einer Stunde, MEIN MANN SCHAUT AUF DIE UHR, der Muttermund ist zehn Zentimeter offen (das Maximum) und irgendwas mit PRESSEN, dass es ohne PRESSEN nicht geht, haben wir gehört, dass ich aufhören soll zu SCHREIEN, den Mund zumachen, höre ich, und nach unten pressen, NACH UNTEN PRESSEN, sagt die Hebamme, sagt mein Mann, ich will nicht, will nicht nach FUCKING unten pressen, RICHTUNG AFTER, sagt die Hebamme, ich will nicht Richtung After pressen, ich will überhaupt nicht pressen, ICH SCHAFF DAS NICHT, schreie ich, ES REISST, schreie ich, da reißt nichts, sagt die Hebamme, da ist alles GANZ WEICH, sagt die Hebamme, ganz weich, denke ich, fühlt sich ganz anders an, ABER: ICH PRESSE, schreie ich, ICH PRESSE JA SCHON, ICH PRESSE, wenn es sein muss RICHTUNG AFTER. Was wir gelesen haben: dass manche

Frauen froh sind, wenn sie in der Austreibungsphase endlich pressen können. Was ich denke: einmal und nie wieder.

WIR WERDEN DIE SCHMERZEN VERGESSEN HABEN, SONST.

Dass die Wehen plötzlich zu kurz sind, hat mir niemand gesagt, und wie es sich anfühlt, als ich etwas spüre, eine Kugel, der Kopf, denke ich, der immer wieder nach vorn, der immer wieder zurück, ich presse, immer wieder nach außen, immer wieder nach innen, ich presse mit aller Kraft, ich denke, denke wörtlich: DAS GIBT'S JA NICHT. Ich gehe in die Hocke, DAS MUSS DOCH GEHEN, ich presse, ich höre die Hebamme sagen: ZUR GEBURT BITTE.

NA ENDLICH, denke ich, ich presse, NOCH EINMAL, GEHT'S NOCH EINMAL, ruft die Hebamme, warum sind die Wehen plötzlich so kurz, ich presse, noch einmal, noch einmal, schnell noch einmal, bevor die Wehe wieder, ich spüre den Kopf, die Wehe ist aus – AUFSTEHEN! – ich stehe, Wasser rinnt, eine Hand dort unten, eine Hand am Bauch, die Wehe kommt, ich presse, ES FLUSCHT AUS MIR HERAUS.

Dass Babys direkt nach der Geburt ganz wach sind, lese ich (früher oder später) und dass sie *instinktiv* nach der Brustwarze suchen.

Hallo, sage ich, hallo du!

Mach ein Foto, sage ich zu meinem Mann.

Danke, sage ich zur Hebamme.

Manche Frauen wissen genau, was sie zu tun haben, haben wir gelesen, habe ich gehört, sage ich zur Hebamme, zum

Arzt (zur Geburt hat er kommen müssen), aber ohne Hilfe, ohne Anleitung, ohne Anfeuerung, sage ich, hätte ich es nicht so gut geschafft. Vom Trend zur *Alleingeburt* haben wir gehört, vom *Urvertrauen in den eigenen Körper* haben wir gelesen, ich habe mir aber im Internet keine Videos von allein im Wald gebärenden Frauen angeschaut, ich habe mir überhaupt keine Videos von gebärenden Frauen angeschaut, *warum eigentlich nicht.*

Was wir vor der Geburt gelernt haben: Dammriss, Dammschnitt, Dammmassage, GEBURTSVERLETZUNGEN, GENÄHTWERDEN, Heublumendampfbad, Himbeerblättertee. Ich höre die Hebamme sagen: Nichts ist gerissen, nur die Schamlippen sind aufgeschürft. Es wird ein bisschen brennen, später.

Ob er die Nabelschnur durchschneiden will, fragen sie meinen Mann.

Ob ich noch mal pressen kann, fragt die Hebamme, *kein Problem.*

Ob ich die Plazenta sehen will, *sicher.*

Dass die so groß ist, hat uns niemand gesagt. Dass manche sie mit nach Hause nehmen wollen, haben wir gehört, vergraben oder verkochen und essen, haben wir gehört, ein MUTTERKUCHEN.

Dass ich im Krankenhaus bleiben soll, eine Woche empfiehlt der Arzt, ich schüttle den Kopf, zumindest zwei Tage empfiehlt der Arzt, um eine Übertragung der Streptokokken auf das Baby auszuschließen (zum Beispiel), *sonst müssen Sie in zwei Tagen wiederkommen.*

Ob sie mir das Baby kurz abnehmen dürfen, fragen sie, *OK.*

Ob ich aufstehen kann, fragen sie, *natürlich!* Ich steige aus der Wanne, aus dem Kot, aus dem Blut, wie Daenerys Targaryen, First of her Name, the Unburnt, Queen of und so weiter nach ihrer ersten Feuertaufe, nur ohne Drachen, mein kleiner Drachen –

kleiner Schatz werden wir sagen, *Spatzi* werden wir sagen, *kleine Maus* und so weiter, später –

mein Baby, mein Kind, es wird gewogen, gemessen.

Was wir vor der Geburt gelernt haben: Jedes Baby bekommt eine Punktezahl, bekommt Punkte für die Herzaktion, die Atmung, die Hautfarbe, den Muskeltonus, die Reflexe, dass ich bei meiner eigenen Geburt fast gestorben wäre, denke ich NICHT MEHR, dass ich null Punkte hatte, NUR EIN WAAGRECHTER STRICH bei der Atmung und beim Muskeltonus, oder war es die Herzaktion, EIN WAAGRECHTER STRICH, eine REANIMATION, ein BRUTKASTEN, eine ZANGE, oder war es eine SAUGGLOCKE, wie so eine Saugglocke aussieht, werden sie uns gezeigt haben, JEDE GEBURT IST ANDERS, *ihr habt das super gemacht,* sagt die Hebamme, sie sagt das zu jeder Frau, denke ich später (viel später), *ihr habt das wirklich super gemacht!,* sagt die Hebamme noch einmal, dass sie recht hat (in jedem Fall recht hat), denke ich, als ich abgeduscht und angezogen unter der Decke, als das Baby gewaschen und gewickelt neben mir, auf mir, in meinem Arm, an meiner Brust, als ich, als wir im Krankenhausbett, als sie mich, als sie uns mit dem Bett auf die Geburtsstation, in ein Zimmer, als mein Mann gegangen ist. Ich muss noch Zähne putzen, sage ich, die Hebamme schüttelt den Kopf.

Was sie uns fragen (vorsichtig), nicht fragen: *Und, wie war die Geburt?*

Was sie sagen, FALLS: *So genau hat mir das noch niemand erzählt!*

Was sie uns nicht sagen, was sie uns sagen, was wir wissen, nicht wissen, was wir so oder so lernen müssen, was sie uns zeigen im Krankenhaus, wenn wir wollen: wie wir das Baby angreifen, wie wir das Baby anlegen, wie wir das Baby wickeln, wie wir das Baby baden, wie das Baby liegen, wie es schlafen soll – AM RÜCKEN! – wir bekommen Merkblätter für *den sicheren Schlaf,* wir lesen PLÖTZLICHER KINDSTOD, wir lesen, wir hören immer wieder STILLEN IST DAS BESTE FÜR IHR KIND. Wir bekommen Hilfe von netten Schwestern, wir wiederholen die neuen Wörter: KINDSPECH, KOLOSTRUM USW. Es kommt genauso viel Milch, wie der *kleine* Babymagen fassen kann, haben wir gelesen, lesen wir, wir bekommen Cremen, wir können gelasert werden, wenn wir wollen, wir können ein Fläschchen bekommen, wenn wir zu wenig Milch haben, sonst verlieren sie (unsere Babys!) immer mehr Gewicht und werden immer müder und schlafen beim Trinken ein und verlieren immer mehr Gewicht und werden noch müder, ein Teufelskreis bis zur GELBSUCHT und dann wieder BRUTKASTEN vielleicht, wir wollen nach Hause, zu unseren Männern, die (und nur die) nur einmal pro Tag für eine Stunde und niemals zugleich bei uns im Raum sein dürfen, wir haben noch Glück, in anderen Krankenhäusern zu einer anderen Zeit der Pandemie nur fünfzehn Minuten oder: GAR NICHT.

Dass zu viele und zu frühe Besuche uns junge Mütter

stressen, haben wir gelesen (früher oder später), dass wir weniger Stillprobleme haben, weil wir weniger Besuch empfangen DANK Pandemie.

Wovon wir gehört haben: von Brustentzündungen – SCHLIMMER ALS WEHEN! – von Stillhütchen, *wer braucht das bitte?!*

Was ich sehe (später, zu Hause): BLUT aus dem Mund meines Babys und wie es sich anfühlt, DIE LÖCHER IN MEINEN BRUSTWARZEN, wir kaufen ZU SPÄT Stilleinlagen, wir kaufen Stillkompressen, wir kaufen am Ende die Stillhütchen, wir probieren verschiedene Heilsalben aus.

Wir hören: *Es wird besser,* genauso wie das Bauchweh, das *Bauchweh,* sagen sie, ist bei den Buben schlimmer, das *Bauchweh* geht nach drei Monaten vorbei, wie lange drei Monate sind, fragen wir uns, SCHREIBABYS, haben wir gedacht, haben immer nur die anderen. Die Muttermilch ist das Beste, hören wir immer wieder, aber unsere Muttermilch verursacht SCHMERZEN, die Verdauung ist noch nicht entwickelt, haben wir gelesen, ich denke: Evolution, DU BITCH.

Was wir lernen: Das Baby braucht den Busen, das Baby braucht uns, braucht *die Mama,* der Papa tut, was er kann (*der Mann könnte zum Beispiel den Haushalt übernehmen,* haben wir gelesen), der Papa hat keinen Busen, der Papa hat keine Milch, der Papa tut alles, was er kann, aber wir sind die Mama, wir wollten es wissen, wir wollten wissen, wie es ist, die Mama zu sein.

DAS IST BEI JEDER FRAU ANDERS, ABER:

Wir werden anfangen, von uns in der dritten Person zu sprechen. Wir werden unser Gesicht zu Grimassen verziehen, wenn wir mit dem Baby sprechen, unsere Stimme wird höher sein, die Hormone, lesen wir, werden uns helfen beim Schlafentzug, die Hormone werden abfallen, lesen wir auch, wir werden bluten, eine Woche lang, lesen wir, das Blut wird dann bräunlich werden und gelblich, der WOCHENFLUSS wird verebben, aber vielleicht wird es anders sein, JEDE FRAU IST ANDERS, vielleicht werden wir vier Wochen lang bluten oder fünf, vielleicht sogar sechs. Dann kann es Monate dauern, bis wir wieder bluten, hören wir. Auf die VERHÜTUNG werden wir hingewiesen, schon im Krankenhaus, von der Frauenärztin später, *auch wenn Sie stillen,* lesen wir überall, *können Sie wieder schwanger werden.*

Wir werden hören, dass in anderen Ländern kaum gestillt wird, dass die Frauen gleich wieder arbeiten gehen (DÜRFEN, KÖNNEN, MÜSSEN), dass auch bei uns nicht immer gestillt wurde, als die Babynahrung aufkam zum Beispiel, wir werden JETZT hauptsächlich hören, wie wichtig das Stillen, *Mütter sollen ihre Neugeborenen nach Angaben der WHO auch bei vermuteter oder bestätigter Corona-Infektion stillen,* wir werden hören, dass wir MINDESTENS! ein halbes Jahr stillen sollen (das Immunsystem!), aber auch nicht ZU LANGE, *(drei Jahre, um wessen Bedürfnisse geht es da?),* die Brustwarzen werden verheilen, das Bauchweh wird besser werden, wir werden stolz sein, wie viel Milch wir haben, wir werden uns schlecht fühlen, weil wir zu wenig Milch haben, wir werden stillen (mal sehen, wie lange), stundenlang stillen und unserem Baby dabei zusehen, wie es an der Brustwarze saugt, bis es zufrieden einschläft, *alle Mütter können ihr Baby stundenlang ansehen.* Wir werden finden, dass unser Baby das hübscheste ist, WEIL: Unser Baby wird das hübscheste sein.

Wir werden unserem Baby also stundenlang zusehen ODER: Wir werden während des Stillens auch mal ein Buch lesen ODER: Wir werden unserem Baby dabei zusehen, wie es an der Brustwarze reißt, und uns fragen, was los ist UND: Wir werden lernen, Dinge mit einer Hand zu tun, wir werden mit dem Fuß das Handy zu uns heranziehen und mit einem Finger der linken Hand Babyfotos verschicken, wir werden, wenn wir Glück haben, in der Nacht nur ein paar Mal aufwachen und *Bauch an Bauch* mit unserem Baby liegen und wieder einschlafen und wieder aufwachen, die Seite wechseln, wir werden das Baby mit unserer Decke zudecken, obwohl wir gelesen haben: *Decken Sie das Baby auf keinen Fall mit der eigenen Decke zu.*

Wir werden sofort *TOTAL* in die Mutterrolle hineinkippen oder langsam hineinwachsen oder für immer damit hadern, wir EGOISTINNEN, werden wir heimlich denken und verzweifeln, weil wir nie, fast nie, nie mehr, *in zehn, zwanzig Jahren dann wieder,* in Ruhe etwas zu Ende machen können, zumindest solange wir stillen, EINE SYM-BIOSE haben wir gehört, wir werden nach anderen Müttern Ausschau halten, wir werden uns dann *natürlich!* vor allem mit anderen Müttern befreunden, es wird dann *wirklich?* vor allem ums Muttersein und um Babys gehen. Wir werden überall Frauen mit Kinderwagen sehen, Männer mit Tragetüchern, wir werden unseren Kinderwagen mit den anderen Kinderwägen vergleichen, wir werden unser Baby mit den anderen vergleichen, *schon so groß!,* so wie früher den Bauch, *mei, so klein!,* wir werden überall nur mehr

Jungeltern sehen, aber wir werden nie, wirklich nie eine andere stillende Mutter in der Öffentlichkeit entdecken, auf keiner Parkbank, in keinem Café, keinem Restaurant, in keinem parkenden Auto, wir werden uns Nischen suchen, in denen es nicht zieht (die Brustentzündung!), wir werden uns Nischen suchen, in denen man uns nicht sieht *(das Natürlichste der Welt)*, wir werden hören: Wir könnten ein Tuch über das Baby und unsere Brust legen, ich sage (ich übertreibe kaum): Mit der Geburt habe ich jegliche Scham verloren.

Wir werden uns, vielleicht, JEDE FRAU IST ANDERS, ich werde mir eine Milchpumpe gekauft haben. MUUHH, werde ich hören, wenn ich davon erzähle, und mich fühlen wie eine Kuh, wenn die Muttermilch in den Trichter, durch die Membran, den Schlauch (wir werden die Reinigungsanleitung sehr genau gelesen haben) in das Fläschchen tropft, ich werde mir TROPFEN FÜR TROPFEN ein bisschen Freiheit, ein Abend, eine Nacht alleine bei einer Veranstaltung zum Beispiel. *Ich finde das so cool, dass du das machst,* werde ich hören, *ich wünschte, ich hätte das auch gemacht,* werde ich hören, *ich könnte das nicht,* werde ich hören, *alles hängt vom Partner ab,* werde ich hören, *du hast einen guten Partner,* ich werde mit prall und praller werdenden Brüsten mit meiner Milchpumpe in der Handtasche ein Bier trinken und eine Zigarette rauchen, ich werde *natürlich!* alles zum Abbau von Alkohol und Nikotin im Körper gelesen haben, und falls mich wer fragt, werde ich sagen (ich werde kaum übertreiben): *Ich habe eh einen Liter Milch abgepumpt.*

ODER: Ich werde mit meinem Baby auf eine Party gehen, werde mein Baby im Arm halten, während ich alkoholfreies Bier trinke, ich werde endlich ein alkoholfreies Bier gefunden haben, das mir schmeckt, ich werde sehr viel alkoholfreies Bier trinken, wegen der Kalorien, ich werde so viel Schokolade essen wie noch nie *(nicht Hungern, aber auch keine Völlerei,* haben wir gelesen, ABER). Ich werde den anderen Müttern dabei zusehen, wie sie die Kinder zusammenpacken und nach Hause gehen, werde beobachten, wie nur mehr die Männer übrig bleiben, wie die Männer zusammensitzen und Bier trinken (die meisten haben in der Schwangerschaft aufgehört zu rauchen, IMMERHIN), ich werde auch nach Hause gehen, mich mit dem Baby ins Bett legen, während mein Mann –

Lassen Sie sich auf die Rolle ein, haben sie uns gesagt, *die Zeit vergeht so schnell.* DIE ZEIT, wir werden uns entschließen, uns in dieser Zeit auf das Kind zu konzentrieren, BIS ZUM KINDERGARTEN, wir werden in dieser Zeit nicht schreiben (oder was immer es ist, das uns treibt), weil Schreiben ALLES fordert ODER: Wir werden um sechs, halb sechs, um fünf, wir werden, wenn es sein muss um vier Uhr in der Nacht nach dem Stillen aufstehen, UNS DAVONSTEHLEN, wir werden das Kind im Bett bei Papa, *das Kind nicht im Bett schlafen lassen,* haben wir gelesen, ABER in unserem Bett riecht es nach uns, *auf keinen Fall, wenn Sie etwas getrunken haben,* außer also wenn der Papa was getrunken hat, wir selbst würden uns nie – DAZU GIBT ES STUDIEN! – auf unser Baby drauflegen im Schlaf, wir werden das Kind also guten Gewissens im Bett bei Papa ODER, wenn der Papa nicht da ist, wenn der Papa *in den meisten Fällen* arbeiten geht, wenn es *vielleicht!* gar keinen Papa gibt, allein im Bett – das Bett riecht nach uns – lassen, wir werden koffeinfreien UND koffeinhaltigen Kaffee trinken, wir werden VIELLEICHT – wir haben gelernt, nachsichtig mit uns zu sein, wir haben gelernt, wir lernen: MUTTER zu sein – den einen oder den anderen Text zu Ende schreiben UND: Das ist erst der Anfang.

und nennen es

(eins)

familie und stellen kartoffeln auf tische also dunkelgelbe körper in feuerfester keramik blaugeblümt aus früheren zeiten dampfen und dämpfen sie licht zwischen uns treiben einzelne laute aus unseren mündern hellgrüne wortsprossen über teller und schüsseln bis stärke die finger verklebt ein brei warm aus händen über einzelne köpfe streicht

(zwei)

und erzählen familie ordnen fragen auf tischen drapieren die teller und schneiden gleichmäßig die stücke oder denken wir das nur essen langsam kauend kreuzen wir blicke ins leere und warten auf antworten in hohlräumen und warmen bäuchen unter tischdecken ein gleichmäßiges pochen irgendein mutterpuls

(drei)

und schweigen familie recken schwangere bäuche über die
tische hauthügel mit adern blaugerissen die geschwollenen
füße stecken in sandalen ausgetreten von geschichten und
schlechten träumen unserer großmütter die aber kennen
wir nicht nur ihre stimmen sitzend und tanzend auf dünn-
federnden gabeln in unseren ohren ein schmales band an
lauten glockenähnlich bleiben die tage

(vier)

und heißen familie die kleinen gewächse aus tradition und
regelwerk ein kommen und gehen in dörflicher struktur
die altbackene helix haftet auf tischen überwuchert bäuche
und klettert auf stimmbänder sodass wir toxisches von uns
geben ohne zu wissen vom immerwährenden weil jeder
einzelne teller doch so neu im küchenbuffet glänzt

(fünf)

und buchstabieren familie aus nudeln in suppen dieses
überschaubare alphabet aus gutturalen lauten das wir von
klein auf aufsagen aber nicht schlucken eine handvoll buchstaben die uns den gaumen verklebt die lippen verbrennt

(sechs)

und wischen uns familie vom mund reiben mit stoffärmeln
über haut und lippenreste einer beim anderen bis unsere
gesichter glänzen im mittagshoch rotbacken das fleisch auf
tellern und sonne hinter bierglasfenstern die zeit murmelt
in uns macht uns zu kindern die stille post spielen nur ein
wort auf die reise schicken aber wir hören nicht auf

(sieben)

und flüstern weiter familie in ohren einwortspiralen ohne
ende immerwährend wie efeu an hauswänden ranken ver-
haltensmuster über den tag verbieten aufstehen oder stüh-
lerücken im araliengeflecht das wir nur in kleinen dosen
ertragen und immer nur an diesem einen tisch

stoßen wir an.

Nachweis

Töchter. Erschienen im Eichborn Verlag in der Bastei Lübbe AG. Copyright © 2017 by Bastei Lübbe AG, Köln.

Fitzgerald, F. Scott (1896, Saint Paul, –1940, Los Angeles)
Der Kindergeburtstag. Aus: ders., *Die letzte Schöne des Südens.* Erzählungen. Copyright der deutschsprachigen Ausgabe © 2009, Diogenes Verlag AG Zürich. Aus dem Amerikanischen von Bettina Abarbanell.

Graf, Danielle und Seide, Katja
Jeden Abend das Drama beim Schlafengehen. Aus: dies., *Das gewünschteste Wunschkind aller Zeiten treibt mich in den Wahnsinn. Der entspannte Weg durch Trotzphasen.* Copyright © 2016 im Beltz Verlag in der Verlagsgruppe Beltz, Weinheim Basel.

Harris, Eve (*1973, London)
Die Hoffnung der Chani Kaufman. Auszug aus dem gleichnamigen Roman. Copyright © 2024, Diogenes Verlag AG Zürich. Aus dem Englischen von Kathrin Bielfeldt.

Hartwig, Julia (1921, Lublin–2017, Pennsylvania)
Bleiben wir. Aus: dies., *Und alles wird erinnert. Gedichte 2001–2011.* Copyright © by Julia Hartwig 2013. Copyright der deutschsprachigen Ausgabe © Verlag Neue Kritik 2013. Aus dem Polnischen von Bernhard Hartmann.

Helmich, Lilith
Das erste Jahr. Originalbeitrag für diese Anthologie. Copyright © 2024 by Lilith Helmich.

Highsmith, Patricia (1921, Fort Worth, Texas–1995, Locarno)
Die stille Mitte der Welt. Aus der gleichnamigen Erzählsammlung. Copyright © 2002, Diogenes Verlag AG Zürich. Aus dem amerikanischen Englisch von Melanie Walz.

Irving, John (* 1942, Exeter, New Hampshire)
Jenny Fields oder Garps wundersame Zeugung (Titel von den Herausgeberinnen). Aus: ders., *Garp und wie er die Welt sah.*

Kalle, Matthias und Stelzer, Tanja

Kürthy, Ildikó, von (* 1968, Aachen)

Noll, Ingrid (* 1935, Shanghai)

Ospelt, Anna (* 1987, Vaduz)

Pines, Sarah

Reinecke, Anne (* 1978)

Rieger, Barbara (* 1982, Graz)

Diogenes ist der größte unabhängige
Belletristikverlag Europas, mit internationalen
Bestsellerautorinnen und -autoren wie Donna Leon,
John Irving, Friedrich Dürrenmatt, Daniela Krien,
Benedict Wells, Doris Dörrie, Martin Walker,
Patricia Highsmith, Martin Suter, Patrick Süskind,
Ingrid Noll, Bernhard Schlink, Paulo Coelho,
Ian McEwan, Amélie Nothomb, Tomi Ungerer,
Connie Palmen und Luca Ventura.
Daneben gehören eine umfassende Klassikersammlung,
Kunst- und Cartoonbände sowie
Kinderbücher zum Programm.

Entdecken Sie unser ganzes Programm auf
www.diogenes.ch oder schauen Sie hier vorbei: